頑張れ！
池田和子選手
新潟県新井市応援の会
祈健闘
山川純子選手
女子アルペン
妙高高原町後援会
祈健闘
山川
妙高高原町後援会
妙高高原町後援会

XVIII. Olympische Winterspiele in Nagano vom 7.–22. Februar 1998

NAGANO
1 9 9 8

OLYMPISCHE WINTERSPIELE 98

NAGANO

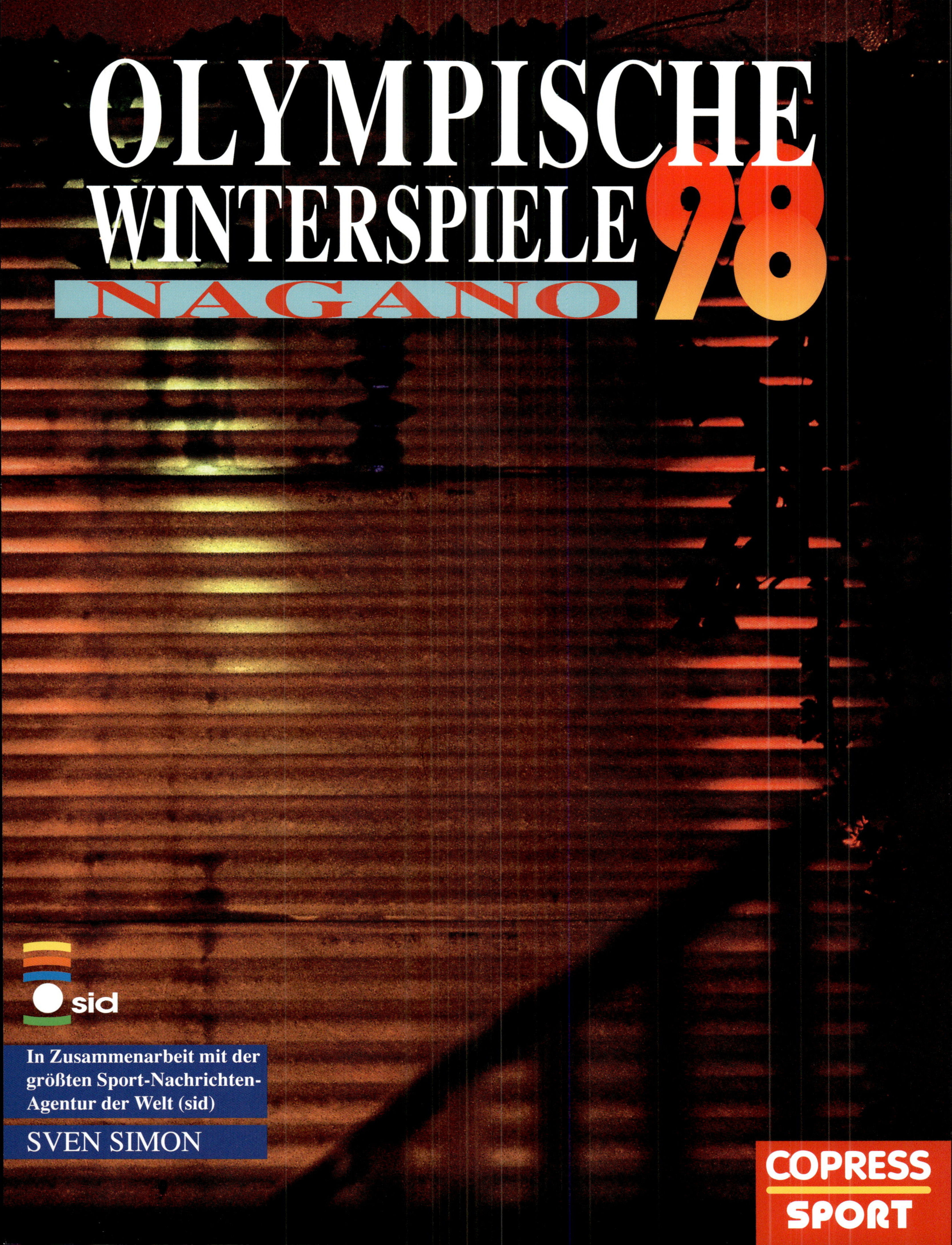

sid

In Zusammenarbeit mit der größten Sport-Nachrichten-Agentur der Welt (sid)

SVEN SIMON

COPRESS SPORT

Inhalt

Wenn Fesseln zerspringen

Die Winterspiele von Nagano, die letzten dieses Jahrhunderts, werden als Tage mit vielen Gesichtern in Erinnerung bleiben. Zwei Namen stehen besonders dafür: Katja Seizinger und Hermann Maier. Beide wurden am Anfang aus allen Träumen gerissen und wachten am Ende als die Königin der Alpinen und als der Überflieger schlechthin auf.

Deutsche Frauen-Power prägte das Geschehen und führte das Team an die Spitze der Nationenwertung. Zweimal wehte allein die deutsche Fahne am Siegespodest, in der alpinen Kombination der Damen und im Eisschnellauf über 3000 Meter. Uschi Disl wurde zur erfolgreichsten Biathletin und riß sogar die Männerstaffel mit.

In der »Spirale« über Nagano fuhren die Deutschen in fünf Wettbewerben zu vier Siegen. Georg Hackl läutete mit seinem dritten Triumph in Serie den Goldrausch ein, Christoph Langen schloß ihn im Vierer ab.

Ganz oben in den Olymp zog Björn Dählie ein, mit nun acht Goldmedaillen der erfolgreichste Sportler, den es bei Winterspielen je gab. Auch er war im ersten Rennen untergegangen und fand unbeirrt in die Erfolgsspur zurück, ein Markenzeichen der ganz Großen wohl.

Zum Dominator schlechthin wurde Dominik Hasek, der Torwart des tschechischen Eishockeyteams. Fast allein brachte er das Imperium der Profis aus Nordamerika zum Einsturz, deren Olympiapremiere zum schönen Beweis mißriet, daß man Siege doch nicht programmieren kann.

Auch die Natur ließ sich nicht überlisten. Es waren Winterspiele so tief im Süden wie noch nie, und Nagano, inmitten der japanischen Alpen, aber nur 100 km vom Meer entfernt, wurde doch von »El Nino« heimgesucht. Alpine, Springer, selbst Bobfahrer mußten kapitulieren. Der Sumo-Riese Akebono hatte zum Auftakt die bösen Geister vertreiben sollen. Es war, wie eigentlich jeder wußte, nicht mehr als ein Scheingefecht gewesen.

Selbst im Pulverschnee unter blauem Himmel hätte es kein zweites Wintermärchen wie in Lillehammer werden können, nicht in einer Stadt mit 360000 Menschen. Doch sie haben ihr Bestes gegeben, mit guter Organisation, mit verhaltener Herzlichkeit und beeindruckender Würde. Es waren Spiele mit eigenem, interessantem Gesicht.

So wie dem von Masahiko Harada, bei dem nach dem Sieg im Mannschaftsspringen alle Dämme brachen. Vier Jahre Furcht vor dem Versagen hatten sich aufgestaut und flossen nun als Freudentränen hinweg. Noch immer fasziniert Olympia, weil es alle Fesseln zu sprengen vermag.

Dieter Hennig

Würde und Geist

Zum dritten Mal nach Tokio 1964 und Sapporo 1972 lud Nippon zu Olympischen Spielen ein.
Von »Würde, Schlichtheit und Geist« sollte das Fest geprägt sein, in dieser durch alte Bräuche und Gastfreundlichkeit noch stark bestimmten Region. Auf jeden aus der olympischen Familie warteten kleine Gastgeschenke.

Ein Origami: aus Papier gefaltete Vögel; ein Mizuhiki: geflochtene Zweige, die Herz und Hände mit Wärme erfüllen sollen; ein Haiku, von Schulkindern im Drei-Zeilen-Rhythmus verfaßte Gedichte, in den schönen Schriftzeichen, und für den Fremden übersetzt:

Herangespült vom Fluß,
mischen sich Blüten und Kräuter.
So kalt ist das weiße Wasser!
(Ein Gruß von Suzue Yamaoka)

Wartend auf den Schnee,
schwenken Kinder Fahnen
von ihnen bisher unbekannten Ländern.
(Ein Gruß von Hideo Kobayashi)

Spiele des Herzens

Die XVIII. Olympischen Winterspiele wurden am 7. Februar durch Japans Tenno Akihito eröffnet. 160 Länder rund um die Welt waren der Fernsehübertragung angeschlossen, als wenig später Midori Ito vor 50000 Zuschauern im Minami-Stadion von Nagano das Olympische Feuer entzündete.
Die Eiskunstlauf-Weltmeisterin von 1989, seither eine Nationalheldin, war in die Tracht einer japanischen Priesterin gekleidet. So wurde an die Entzündung der Flamme 50 Tage zuvor im Heiligen Hain von Olympia erinnert. Von 7000 Läufern war sie durch alle japanischen Provinzen getragen worden.
Die Zeremonie verband alte japanische Tradition mit der Hoffnung auf eine friedliche Zukunft. Sumo-Ringer und Kinder führten die Mannschaften an. Die Glocke des Zenkoji-Tempels im Zentrum, einem der bedeutendsten Heiligtümer des Landes, hatte die Feier eingeläutet. Vier Himmelstore wurden aus Baumstämmen errichtet, der Sumo-Riese Akebono vertrieb symbolisch die bösen Geister aus der Arena.
Das Olympische Feuer brachte der Brite Chris Moon ins Stadion, umringt von zahlreichen Kindern: Er hatte in Afrika als freiwilliger Minenräumer einen Arm und ein Bein verloren.
Zum Abschluß dirigierte der 62jährige Seiji Ozawa einen weltumspannenden Chor auf fünf Kontinenten, der Beethovens »Ode an die Freude« gemeinsam sang. »Alle Menschen werden Brüder«, mit diesen Worten Schillers verband sich die Sehnsucht nach einer besseren Welt am Ende eines blutigen Jahrhunderts.
Einer der Chöre stand vor dem Brandenburger Tor in Berlin, wo es zu diesem Zeitpunkt kurz vor 5.00 Uhr morgens war, die anderen waren aus Peking, Kapstadt, New York und Sydney zugeschaltet, der Stadt der Sommerspiele 2000.
Juan Antonio Samaranch, der in Nagano die letzten Winterspiele seiner Amtszeit erlebte, dankte den Gastgebern für ihre enormen Anstrengungen: »Arigato Nippon, arigato Nagano.« Weit über drei Milliarden Mark hatten sie sich diese dritten Spiele nach Tokio 1964 und Sapporo 1972 kosten lassen.
Die Rekordzahl von 72 Teams zog in die Arena ein, fünf mehr als 1994 in Lillehammer. Sie hatten 2302 Aktive für die 68 Wettbewerbe gemeldet, die bis zum 22. Februar andauern würden. Fahnenträger für Deutschland war Skilangläufer Jochen Behle aus Willingen bei seinen sechsten Winterspielen. Österreich wurde von Emese Hunyadi angeführt, die Schweiz von Guido Acklin, beide Olympiasieger 1994, im Eisschnellauf und Bob.
Der Auftakt strahlte »Würde, Schlichtheit und Geist« aus, so wie sich die Gastgeber den Verlauf der Spiele wünschten. Es war eine Feier, die mit fernöstlichem Flair auf die »Spiele des Herzens« einstimmte, die Nagano veranstalten wollte: die Stadt inmitten der japanischen Alpen, erst wenige Monate zuvor durch den Schnellzug Shinkansen auf 90 Minuten an das 200 km östliche Tokio herangerückt.

栃乃和歌

Dreierpack im Biathlon: Uschi Disl gewinnt Gold, Silber und Bronze

Stars and Stripes: Die ersten Golden Girls in der olympischen Eishockey-Geschi

Yeah! Didier Cuche versilbert seinen Super-G-Auftritt

M-Wave, 10. Februar: letztes Gebet vor Japans erstem Gold

Goldkuß-Premiere im Snowboard: Karine Ruby

Zum dritten Mal auf dem Olymp: Georg Hackl

Catriona LeMay-Doan (links), Susan Auch

Jubel auf finnisch: 30-km-Goldläufer Mika Myllylä

In zwei Stunden zweimal Silber: Lasse Kjus

Platz an der Sonne für Picabo Street aus Sun Valley, Idaho, USA

Brigitte Köck: Riesenjubel über Snowboard-Bronze im Riesenslalom

Krylowa/Owsjannikow: Traumtanz zu Silber

Katja Seizinger führte mit zweimal Gold das deutsche Damen-Dream-Team an, auch beim »Hattrick« in der Kombination. Hilde Gerg entriß Deborah Compagnoni den Slalomsieg, die im Riesenslalom dann doch noch Geschichte schrieb.
Überflieger Hermann Maier raubte mit seinem »Jahrhundertsturz« Austria erst den Atem, dann mit zweimal Gold die Sinne. Ein schriller Norweger ließ Alberto Tomba beim Abschied ganz alt aussehen. Die USA freuten sich über dreimal Freestyle-Gold, Nicola Thost und Gian Simmen holten bei der Olympiapremiere Snowboard-Gold für Deutschland und die Schweiz.

Alpine Wettbewerbe

reusch

D.S.V.
P30

NAGANO 1998
NAGANO 1998

NAGANO 1998
NAGANO 1998

Völkl

Hilde Gerg brachte im zweiten Slalomlauf Gold auf die Tölzer Hütte. Zwei Tage zuvor hatte sie mit Martina Ertl (oben links) und Katja Seizinger (Mitte) das Siegerpodest nach der Kombination in ein deutsches Drei-Mäderl-Haus verwandelt.

»Ich faß es nicht«: 66 Hundertstel und damit Gold hatte Hilde Gerg im zweiten Slalomlauf Deborah Compagnoni abgenommen – weil sie mit 22 Jahren erst nach dem Ziel wieder die »wilde Hilde« war.

Der Stolz der Grande Nation. Jean-Luc Cretier gewann die Abfahrt, weil er im Grenzbereich der Strecke am klügsten fuhr. Nur Sohn Pierre (8) war unzufrieden: »Papa, Silber sieht doch viel schöner aus.«

ellesse
NAGANO 1998
3
ellesse
reusch
racing

BAW
BAW
NAGANO 1998
3
GSL
asics
ATOMIC

Welch eine Woche! Sieben Tage nach seinem Abfahrts-Crash in den Tiefschnee wurde Hermann Maier zum alpinen Riesen der Spiele: zweites Gold nach zweimal Bestzeit im Riesenslalom.

Mensch, Maier: »Daß ich das noch erleben durfte«, mag sich der »Herminator« gesagt haben, als er nach dem Super-G seine erste Goldmedaille bestaunte.

asics

Katja Seizinger im »Wechselbad der Gefühle«

sid: »Katja Seizinger, als erste Läuferin haben Sie zweimal hintereinander Olympia-Gold in derselben Disziplin gewonnen. Was bedeutet dieser zweite Sieg für Sie?«

Katja Seizinger: »Was es diesmal ausmacht, ist, daß es so unerwartet kam. Daß ich nach dem Super-G nicht im Traum daran gedacht habe.«

sid: »Zum wiederholten Male ist es Ihnen gelungen, sich nach einem verpatzten ersten Rennen im zweiten zu rehabilitieren. Wie machen Sie das?«

Seizinger: »Das ist wirklich nur sehr schwer zu erklären. Ich glaube, das Mentale macht den Unterschied. Warum das so ist oder woher das kommt, das weiß ich nicht. Ich bin froh, daß ich es habe.«

sid: »Wie sind Sie nach der Enttäuschung im Super-G mit den ständigen Verschiebungen durch das schlechte Wetter zurechtgekommen?«

Seizinger: »Das war ehrlich ein Wechselbad der Gefühle. Vom Wetterbericht hing praktisch die Stimmung ab, rauf und runter. Aber im entscheidenden Moment kann ich mich halt doch noch konzentrieren.«

sid: »Wie übersteht man solche Situationen?«

Seizinger: »Wir waren darauf vorbereitet. Man geht dann mit einer anderen Energie daran, einer anderen Einstellung. Nach der Absage am Samstag zum Beispiel sind wir mit dem Regenschirm zum Slalomtraining gegangen, das war schon fast lustig, da mußte ich trotz der Situation lachen. Aber die Bedingungen waren eh für alle gleich, man muß halt das Beste daraus machen.«

sid: » Sie wohnen in Eberbach oder in Garmisch, oder bei Ihrem Freund in Konstanz. Wann werden Sie ein Zuhause haben?«

Seizinger: »Ich hoffe, die private Situation bleibt, wie sie ist. Ich bin ganz glücklich damit. Ich werde nicht von heute auf morgen meine Skikarriere beenden. Aber ich freue mich auf die Zeit danach.«

Das Jahrhunderttalent

Katja Seizinger zeigte Emotionen wie nie zuvor, hüpfte auf das Siegerpodest, riß jubelnd Arme und Ski hoch, strahlte über das ganze Gesicht und warf am Ende sogar noch übermütig ihren Blumenstrauß ins Publikum.

Daß es am unseligen Mount Karamatsudake doch noch zu ihrem zweiten olympischen Gold in der Abfahrt nach den Spielen 1994 in Lillehammer reichte, »damit hatte ich wirklich nicht gerechnet. Im Traum habe ich nicht daran gedacht«, gestand die beste Skirennläuferin der Gegenwart, die als erste zweimal in Folge Olympiasiegerin in derselben Disziplin wurde. Die ungewohnten Gefühlsausbrüche waren verständlich. Alles schien sich in Japan gegen Katja Seizinger verschworen zu haben: Weicher Schnee, schlechtes Wetter, andauernde Verschiebungen und im Super-G fünf Tage zuvor nach einer verlorenen »Materialschlacht« nur ein sechster Platz.

Als sie aber am Morgen zum Start der Abfahrt kam, da erkannte die 25jährige, »daß die Bedingungen anders waren«. Vor allem die Piste war hart – so, wie es Katja Seizinger liebt: »Das war meine Chance, ich bin glücklich, daß ich sie genutzt habe«. Mit Startnummer fünf kam die beste Abfahrerin dieses Winters (vier Weltcup-Siege) den leicht verkürzten »Olympic Course II« heruntergeschossen: »Als ich abgeschwungen habe, da habe ich nicht damit gerechnet, daß es reichen würde«, gestand sie später.

Die Sorge war berechtigt. Vor allem Pernilla Wiberg stand noch am Start. Als die Schwedin aber trotz der besten Durchgangszeit um 0,29 Sekunden am Gold vorbeiraste, löste sich die Anspannung aus dem Gesicht der angeblich so »coolen« Blondine. Georg Hackl umarmte als einer der ersten die alte und neue Abfahrts-Königin.

Cheftrainer Wolfgang Maier geriet regelrecht ins Schwärmen: »Vom Skifahrerischen, vom Potential her, ist Katja ein Jahrhunderttalent.«

Zum Olympiasieg fuhr Katja Seizinger mit 215 Zentimeter langen Abfahrtsski. Klaus Gattermann, Rennchef ihrer Skifirma und selbst Ex-Abfahrer: »Katja ist die einzige Läuferin, die damit zurechtkommt, nur sie hat die Klasse, solche Ski zu fahren.« Material und Bedingungen, alles habe gepaßt: »Die Glücksritterin ist vorne, da gehört sie auch hin.«

Katja Seizinger

Geb. am 10. Mai 1972 in Datteln. 1,71 m – 64 kg. Olympiasiegerin 1994 in Lillehammer in der Abfahrt, 1998 in Nagano in der Abfahrt und in der Kombination, Olympia-Dritte 1992 in Albertville im Super-G und 1998 in Nagano im Riesenslalom. Weltmeisterin 1993 im Super-G, WM-Zweite 1996 in der Abfahrt, 1997 in der Kombination und im Super-G. Gesamtweltcup 1996, Abfahrts-Weltcup 1992, Super-G-Weltcup 1993, 1994, 1995 und 1996

STATISTIK

Abfahrt, Damen

16.02.1998

Olympic Course II, Länge 2518 m

1.	Katja Seizinger	GER	5	1:28,89
2.	Pernilla Wiberg	SWE	15	1:29,18
3.	Florence Masnada	FRA	2	1:29,37
4.	Melanie Suchet	FRA	4	1:29,48
5.	Swetlana Gladischewa	RUS	27	1:29,50
6.	Picabo Street	USA	8	1:29,54
7.	Regine Cavagnoud	FRA	12	1:29,72
8.	Alexandra Meißnitzer	AUT	1	1:29,84
9.	Hilde Gerg	GER	7	1:29,96
9.	Katharina Gutensohn	GER	11	1:29,96
12.	Heidi Zurbriggen	SUI	3	1:30,25
15.	Stefanie Schuster	AUT	13	1:30,73
18.	Michaela Dorfmeister	AUT	22	1:31,17
22.	Catherine Borghi	SUI	30	1:31,45
30.	Corinne Rey-Bellet	SUI	18	1:32,92
A–	Renate Götschl	AUT	6	
A–	Regina Häusl	GER	16	

Reihenfolge: Startnummer, Zeit

16 Jahre vom Platz an der Sonne geträumt: Picabo Street nach dem Wimpernschlag-Finale im Super-G.

Sunshine Girl

Sie plapperte und plapperte, erzählte alles immer noch mal von vorn. Nach ihrer Sensationsfahrt im Super-G war Picabo Street nicht mehr zu halten: »Schon als ich zehn Jahre alt war, träumte ich vom Olympiasieg. Die Sonne scheint, ich habe Gold – das ist der schönste Moment meines Lebens. Der Traum ist wahr geworden.« Dazu lachte die 26jährige Amerikanerin immer wieder ihr breitestes Lächeln.

Die Euphorie des »Sunshine Girls«, das bezeichnenderweise in einem kleinen Dorf namens Triumph in der Nähe ihres Wohnorts Sun Valley/Idaho zur Welt kam, war leicht zu verstehen. Kein Mensch hatte sie vor dem Super-G auf der Rechnung, noch nie hatte sie in dieser Disziplin im Weltcup gewonnen. Nur sie selbst glaubte an ihre Chance: »Ich hatte nichts zu verlieren und keinen Druck.«

Wieder erfüllte sich ein »American Dream«: Picabo Street trat die Nachfolge von Diann Roffe-Steinrotter an, die 1994 in Lillehammer ebenso sensationell den Super-G gewonnen hatte. Damals gewann Street hinter Katja Seizinger Silber in der Abfahrt, doch diesmal konnte sie wenig erwarten. Nach einer schweren Verletzung bei der Weltcup-Abfahrt in Vail Anfang Dezember 1996 (Kreuzbandriß im linken Knie) fiel das Skifahren für sie im vergangenen Winter komplett aus.

Sieben Monate später wollte sie wieder mit dem Training beginnen, doch das Knie schmerzte noch zu sehr: »Ich war voll frustriert, saß auf einem Hügel und habe geheult.« Erst spät kehrte sie in den Skizirkus zurück. Beim letzten Rennen vor Olympia in Are flog sie mit Tempo 100 in die Fangnetze, erlitt eine Gehirnerschütterung: »Aber ich wußte immerhin, das Knie hält auch bei einem Sturz. In dem Moment habe ich die Verletzung endgültig hinter mir gelassen.« Nur elf Tage später raste sie in Hakuba zu Gold.

Schon nach dem WM-Titel in der Abfahrt 1996 war Picabo Street mit einem Jahreseinkommen von 1,5 Millionen Dollar eine der bestbezahlten amerikanischen Sportlerinnen. Ein US-Ausrüster nahm sie als einzige Frau in sein 15köpfiges All-Star-Team auf, nach dem Olympiagold wird der Dollar erst richtig rollen.

Olympia-Rekord

Nur eine Hundertstelsekunde lag Picabo Street im Ziel des Super-G vor der Österreicherin Michaela Dorfmeister: olympischer Rekord. Den hielt bis dahin Markus Wasmeier (Schliersee), der 1994 in Lillehammer den Riesenslalom mit 0,02 Sekunden vor dem Schweizer Urs Kälin gewann. Auch die Amerikanerin Barbara Cochran siegte 1972 in Sapporo mit 0,02 Sekunden im Slalom vor der Französin Danielle Debernard. Erst seit Innsbruck 1964 wird bei den Winterspielen nach Hundertstelsekunden gemessen.

STATISTIK

Super-G, Damen

11.02.1998, Olympic Course II, Länge 2115 m

1.	Picabo Street	USA	2	1:18,02
2.	Michaela Dorfmeister	AUT	18	1:18,03
3.	Alexandra Meißnitzer	AUT	5	1:18,09
4.	Regina Häusl	GER	6	1:18,27
5.	Renate Götschl	AUT	10	1:18,32
6.	Katja Seizinger	GER	11	1:18,44
7.	Martina Ertl	GER	9	1:18,46
8.	Melanie Suchet	FRA	13	1:18,51
9.	Stefanie Schuster	AUT	19	1:18,53
10.	Hilde Gerg	GER	12	1:18,59
21.	Heidi Zurbriggen	SUI	7	1:19,22
31.	Corinne Rey-Bellet	SUI	27	1:20,31
34.	Catherine Borghi	SUI	23	1:20,69

Reihenfolge: Startnummer, Zeit

HINTERGRUND

Deborah Compagnoni

»An diesen Tag habe ich vier Jahre lang gedacht«, sagte Deborah Compagnoni ergriffen: »Es ist die Medaille, die ich am stärksten spüre. Riesenslalom ist nun einmal meine Disziplin.« Die 27jährige Italienerin, dort auch gern »La Tomba« genannt, holte nach 1992 (Super-G) und 1994 (Riesenslalom) ihr drittes Gold.

In Nagano hat sie Geschichte geschrieben: Neben Sonja Henie, der unvergessenen Eiskunstläuferin aus Norwegen (1928–36), ist »Debbie« die einzige Athletin mit Einzel-Gold bei drei Winterspielen in Folge.

Nur Vreni Schneider (Schweiz) und Katja Seizinger hatten vor ihr drei alpine Goldmedaillen bei Olympia geholt. Mittlerweile ist sie auch dreifache Weltmeisterin: 1996 und 1997 im Riesenslalom, 1997 auch im Slalom.

Eine Erfolgsserie, die fast an ein Wunder grenzt. Vor sieben Jahren fehlten nur noch zehn Minuten, und Deborah wäre an einer Darmverschlingung gestorben. Ihr Leben war nur dieses eine Mal in Gefahr, ihre Karriere weit häufiger. Erster Bänder- und Meniskusschaden 1987, drei Operationen am linken, eine am rechten Knie. Doch immer kam sie zurück.

1992 hatte sie ihren ersten Triumph gefeiert, mit der damals überraschenden Goldmedaille im Super-G. Am nächsten Tag startete sie voller Euphorie als Favoritin im Riesenslalom, stürzte und hatte das Kreuzband gerissen.

Zwischen Januar 1997 und Januar 1998 gewann sie alle Riesenslaloms, die gefahren wurden, neun insgesamt. Erst Martina Ertl konnte die Serie stoppen – ausgerechnet in Compagnonis Geburtsort Bormio.

Weil sie mit ihren 1,65 m auf den Skiern verwachsen scheint und seit Jahren die Stilistin schlechthin ist, waren die Verhältnisse beim Riesenslalom für sie wie geschaffen: ein schwieriger, steiler Kurs mit feuchtem, tiefem Schnee. Sie meisterte ihn mühelos und meinte anschließend: »Es war schön.«

Bei allen Erfolgen will sie sich mit »König« Alberto, ihrem zeitweiligen Trainingspartner, nicht vergleichen. »Es gibt sehr viele Champions, aber keiner hat so eine Persönlichkeit wie Tomba.«

Bittere Tränen

Sogar der Himmel weinte, als er Martina Ertl trauern sah. Während Katja Seizinger nach zweimal Gold mit der Bronzemedaille im Riesenslalom lächelnd von Olympia Abschied nahm, vergoß die unglückliche Verliererin im Dauerregen von Shiga Kogen bittere Tränen.
»Es ist bitter. Ich bin traurig, und die anderen freuen sich«, sagte die geschlagene Favoritin, die die letzten drei Riesenslaloms vor Nagano gewonnen hatte, und blickte enttäuscht auf das nur zehn Meter entfernte Siegerpodest, wo fröhlich gefeiert wurde: »Es war so knapp. Jetzt bin ich zum dritten Mal Olympia-Vierte, das Leben ist hart.«
Vor allem in den Bergen. Ganze 0,11 Sekunden fehlten der 24 Jahre alten Lenggrieserin im letzten olympischen Frauen-Rennen zum Happy-End in Bronze. 0,24 Sekunden waren es tags zuvor im Slalom, 0,18 Sekunden trennten die Olympia-

Zweite in der Kombination vom ersehnten Gold.

»Wenn ich gestern Dritte gewesen wäre, wär's heute nicht so schlimm«, sagte Martina, schon 1994 in Lillehammer in der Abfahrt Vierte.

Die eine im Tal der Tränen, die andere im Hochgefühl einer Skikönigin. »Das ist meine erste Riesenslalom-Medaille, das ist super«, sagte Katja Seizinger und zog zufrieden die Bilanz ihrer letzten Winterspiele: »Ich bin hier gut gefahren, hatte aber auch viel Glück in den letzten zwei Wochen.«

STATISTIK

Riesenslalom, Damen

20.02.1998, Shiga Kogen

1.	Deborah Compagnoni 1:18,94 (1) / 1:31,65 (1)	ITA	2:50,59
2.	Alexandra Meißnitzer 1:20,13 (4) / 1:32,26 (2)	AUT	2:52,39
3.	Katja Seizinger 1:20,19 (5) / 1:32,42 (4)	GER	2:52,61
4.	Martina Ertl 1:20,38 (7) / 1:32,34 (3)	GER	2:52,72
5.	Sophie Lefranc 1:19,88 (2) / 1:33,39 (8)	FRA	2:53,27
6.	Heidi Zurbriggen 1:20,31 (6) / 1:33,30 (6)	SUI	2:53,61
7.	Anna Ottosson 1:20,48 (8) / 1:33,33 (7)	SWE	2:53,81
8.	Sabina Panzanini 1:20,97 (10) / 1:33,12 (5)	ITA	2:54,09
9.	Birgit Heeb 1:21,27 (11) / 1:33,43 (9)	LIE	2:54,70
10.	Andrine Flemmen 1:20,04 (3) / 1:34,90 (15)	NOR	2:54,94
13.	Hilde Gerg 1:21,45 (13) / 1:34,44 (13)	GER	2:55,89
15.	Stefanie Schuster 1:21,40 (12) / 1:35,01 (16)	AUT	2:56,41
16.	Karin Roten 1:20,91 (9) / 1:36,05 (23)	SUI	2:56,96
19.	Catherine Borghi 1:21,90 (17) / 1:36,52 (24)	SUI	2:58,42
20.	Christiane Mitterwallner 1:23,10 (24) / 1:35,36 (17)	AUT	2:58,46
30.	Regina Häusl 1:26,37 (32) / 1:38,20 (29)	GER	3:04,57
A–	Sonja Nef	SUI	

Reihenfolge: Gesamtzeit, 1. Lauf/Plazierung, 2. Lauf/ Plazierung

Alexandra Meißnitzer (24) aus Salzburg versilberte im Riesenslalom die österreichische Medaillenbilanz, nachdem sie zuvor schon im Super-G eine Bronzemedaille gewonnen hatte.

Hilde Gerg

Hilde Gerg, geb. am 19. Oktober 1975 in Bad Tölz, 1,72 m, 68 kg, fuhr mit 18 Jahren erstmals bei der Junioren-WM 1994 zu Gold im Super-G. Belegte beim Olympiadebüt 1994 Platz acht in der Kombination, fiel aber im Riesenslalom und Slalom aus und bestätigte dabei ihren Ruf als »wilde Hilde«. 1997 WM-Dritte in Super-G und Kombination, Weltcup-Erste im Super-G und Dritte im Gesamt-Weltcup.

sid: »Hilde Gerg, nach den zwei Goldmedaillen von Katja Seizinger haben Sie Gold im Slalom gewonnen. Können Sie das überhaupt begreifen?«

Hilde Gerg: »Noch nicht so ganz. Das ist ein wahnsinniger Erfolg. Daß es für den Sieg reicht, das hätte ich vorher nicht gedacht.«

sid: »Sie selbst wirkten heute ganz locker.«

Gerg: »Ja, nach unserem Abräumer in der Kombination vorgestern, da war bei mir der Druck weg. Ich hatte ja meine Medaille und konnte nun ruhig alles riskieren.«

sid: »Zuviel aber wohl nicht. Zu ihrer Zeit als »wilde Hilde« wären Sie wahrscheinlich nicht durchgekommen, so wie 1994 in Lillehammer, als Sie im zweiten Lauf rausflogen.«

Gerg: »Im Slalom muß man halt taktisch fahren, erst seinen Rhythmus finden, dann attackieren. Das muß man sich anlernen. Ich weiß inzwischen, wie es geht. Aber daß es schon so gut geht, das hätte ich wirklich nicht gedacht.«

sid: »Deborah Compagnoni hatte einen riesigen Vorsprung. Wie haben Sie deren zweiten Lauf erlebt?«

Gerg: »Ich habe der Debbie zugeschaut. Als die im Ziel war und ich gesehen habe, daß ich noch immer oben stehe, wußte ich gar nicht, was los ist. Das ist ein Gefühl, das kann man einfach nicht beschreiben.«

sid: »Kann das überhaupt funktionieren, wenn sich drei Spitzenläuferinnen aus einem Team praktisch die Medaillen wegnehmen?«

Gerg: »Wir sind wirklich Freunde. Jede von uns kann akzeptieren, daß die andere besser ist, deshalb funktioniert das gut. Manchmal wird behauptet, daß wir uns nicht verstehen, aber was wir machen, ist keine Show.«

Die »wilde Hilde« in Rosis Spuren

Der »Goldrausch« nahm kein Ende. »Völlig unbeschreiblich« nannte ein mittlerweile total verdatterter Cheftrainer Wolfgang Maier seine Gefühle nach dem unerwarteten Olympiasieg von Hilde Gerg im Spezialslalom. »Der liebe Gott ist wohl Skifahrer, und heute war er auf unserer Seite.« Das anfangs noch so ungeliebte Japan war für die deutschen Ski-Rennläuferinnen endgültig zum Land des Lächelns geworden.

Als die zunächst klar führende Italienerin Deborah Compagnoni die Endzeit von Hilde Gerg um 0,06 Sekunden verfehlt hatte, machte sich im sonnenüberfluteten Zielraum am Mount Yakibitai Fassungslosigkeit im deutschen Lager breit. Hilde Gerg: »Ich wußte zuerst gar nicht, was los ist.« Dann brach der Jubelschrei aus ihr heraus: »Das gibt's doch gar nicht, ich glaub', ich spinne.«

Martina Ertl, am Ende ebenso großartige wie undankbare Vierte, fiel der 22jährigen begeistert um den Hals. Katja Seizinger, diesmal Zuschauerin, meinte strahlend: »Heute ist Hilde der Chef.«

Das neue »Golden Girl«, das zuvor nur einmal im Weltcup einen Slalom gewonnen hatte, begriff die sensationelle Fahrt auf den Olymp am wenigsten. »Das ist einfach wahnsinnig, aber es hat anscheinend sein müssen.«

»Schuld« am dritten deutschen Alpin-Gold hatte auch Deborah Compagnoni: Nach 0,60 Sekunden Vorsprung verbummelte sie ihren dritten Olympiasieg: »Ich habe einen schweren Fehler gemacht und danach wohl zuviel nachgedacht«, meinte die Slalom-Weltmeisterin.

Einer hatte es besonders eilig, vom Berg zu kommen. Wolfgang Grassl, Technik-Trainer der deutschen Damen, auch noch Kurssetzer für den zweiten Lauf und außerdem der Lebensgefährte der neuen Olympiasiegerin, war vor Freude rot wie ein Feuermelder. »Für mich ist das unfaßbar. Als die Hilde im Ziel war, haben mir die Füße und die Hände gezittert.«

Danach schoß er hoch, raste, noch während das Rennen lief, hinab zu seinem »Goldstück«. Geduldig wartete Grassl, der für sich und seine Freundin am Haus seiner Eltern derzeit ein gemeinsames Heim anbaut, auf die erste, innige Umarmung nach den Sieger-Interviews.

Bei Familie Gerg war auf der Tölzer Hütt'n in Lenggries um diese Zeit bereits die Hölle los. »Das ist doch Wahnsinn«, stammelte Mama Hilde immer wieder nach dem Triumph ihrer Tochter.

Aus der einstmals »wilden Hilde« ist inzwischen eine Fahrerin mit Köpfchen geworden.

Martina Ertl, die nur um 0,24 Sekunden eine Bronzemedaille verpaßt hatte, nahm es noch nicht tragisch. »Ich habe ja schon eine Medaille. Das geht in Ordnung so, irgendeine muß halt Vierte werden.«

STATISTIK

Slalom, Damen

19.02.1998, Mt.Yakebitai, Länge 530 m

1.	Hilde Gerg 45,89 (2) / 46,51 (1)	GER	1:32,40
2.	Deborah Compagnoni 45,29 (1) / 47,17 (5)	ITA	1:32,46
3.	Zali Steggall 45,96 (3) / 46,71 (4)	AUS	1:32,67
4.	Martina Ertl 46,22 (5) / 46,69 (3)	GER	1:32,91
5.	Sabine Egger 45,97 (4) / 47,25 (7)	AUT	1:33,22
6.	Ingrid Salvenmoser 46,84 (10) / 46,55 (2)	AUT	1:33,39
7.	Martina Accola 46,37 (7) / 47,75 (8)	SUI	1:34,12
8.	Morena Gallizio 46,93 (11) / 47,94 (11)	ITA	1:34,87
9.	Monika Bergmann 47,78 (19) / 47,21 (6)	GER	1:34,99
10.	Anna Ottosson 47,31 (16) / 47,93 (10)	SWE	1:35,24
A–	Sonja Nef –/–	SUI	
A–	Karin Roten 46,64 (8) / –	SUI	

Reihenfolge: Gesamtzeit, 1. Lauf/Plazierung, 2. Lauf/ Plazierung

Deborah Compagnoni (Slalom-Silber)

Zali Steggall (Slalom-Bronze), erste alpine Medaille für Australien

Martina Ertl (Slalom-Vierte)

Sabine Egger (Slalom-Fünfte)

Zweite Goldfeier auf einem Bein: Katja Seizinger freut sich riesig über ihren ersten Sieg in einer Kombination, ausgerechnet bei Olympia.

Rechte Seite: Achtzehn Hundertstelsekunden fehlten Martina Ertl nach ihrer furiosen Aufholjagd am Ende zur Goldmedaille.

Im Goldrausch

Als der historische Dreifach-Triumph vollbracht war, war Katja Seizinger nicht mehr zu bremsen. Ausgelassen stürmte die »Queen von Hakuba« im Zielraum los, sprang elegant aufs Podest und tanzte im Schneegestöber von Hakuba von einem Bein aufs andere.
Sekunden später kletterten Martina Ertl und Hilde Gerg zu ihr empor, jubelnd fielen sich die drei um den Hals, warfen ihre Blumensträuße den tief verschneiten Pistenarbeitern zu und genossen den emotionalen Augenblick.
Es war die Schlußszene eines einmaligen Tages, der sich im deutschen Skisport nur schwer wiederholen lassen wird. Einen Tag nach dem zweiten Olympiasieg in der Abfahrt hatte Katja Seizinger in der Kombination ihr drittes Gold erobert. Ausgerechnet bei Olympia feierte sie ihren ersten Sieg in dieser Disziplin.
Nur Hilde Gerg, die beide Kombinationen dieser Weltcupsaison gewonnen hatte, war nicht ganz so glücklich, obwohl sie ihre erste Olympia-Medaille holte. »Nach der Abfahrt war ich zu weit hinten. Deswegen war heute nicht mehr drin.«

Maiers »Dream Team«

Nach einer grandiosen Woche mit dreimal Gold, einmal Silber und zweimal Bronze blickte der Cheftrainer des »Dream Teams« äußerst nachdenklich in die Zukunft.
Wolfgang Maier wußte: Eine Bilanz wie in Nagano, aufgestellt durch Katja Seizinger, Hilde Gerg und Martina Ertl, wird es wohl nie mehr geben: »Ich hätte im Vorfeld nie mit sechs Medaillen gerechnet, aber man muß die Kirche im Dorf lassen. Was wir diesmal hier geleistet haben, das ist nicht sofort wieder zu produzieren.«

STATISTIK

Alpine Kombination, Damen

Abfahrt: 16.02.1998, Olympic Course II (2518 m)
Slalom: 17.02.1998, Kokusai-Gelände (411 m)

1.	Katja Seizinger 1:28,52 (1) – 1:12,22 (5)	GER	2:40,74
2.	Martina Ertl 1:29,76 (2) – 1:11,16 (1)	GER	2:40,92
3.	Hilde Gerg 1:29,92 (5) – 1:11,58 (2)	GER	2:41,50
4.	Stefanie Schuster 1:30,10 (6) – 1:12,15 (4)	AUT	2:42,25
5.	Morena Gallizio 1:30,60 (7) – 1:11,92 (3)	ITA	2:42,52
6.	Florence Masnada 1:29,87 (4) – 1:12,97 (8)	FRA	2:42,84
7.	Caroline Lalive 1:31,05 (9) – 1:13,71 (10)	USA	2:44,76
8.	Janica Kostelic 1:31,71 (13) – 1:13,52 (9)	CRO	2:45,23
9.	Alexandra Shaffer 1:32,53 (14) – 1:12,71 (7)	USA	2:45,24
10.	Catherine Borghi 1:31,24 (11) – 1:14,09 (11)	SUI	2:45,33
11.	Brigitte Obermoser 1:29,82 (3) – 1:15,66 (13)	AUT	2:45,48
12.	Monika Bergmann 1:33,35 (16) – 1:12,49 (6)	GER	2:45,84
NA	Alexandra Meißnitzer	AUT	
A–	Renate Götschl	AUT	(Slalom)
A–	Michaela Dorfmeister	AUT	(Slalom)

Reihenfolge: Gesamtzeit, Abfahrt/Plazierung, Slalom/Plazierung

BOGNER

Hannes Trinkl rettete in der von schweren Stürzen geprägten Abfahrt die Bronzemedaille für das österreichische Team.

Cretier folgt Killy

Mit der Nummer vier war Hermann Maier gekommen, hob ab, segelte knapp 50 Meter schräg durch die Luft und stürzte nach der Überquerung zweier Fangzäune kopfüber in den nassen Schnee. »Hermann, the Monster« riskierte zuviel und verlor alles, bis auf seine Gesundheit. Man schrieb Freitag, den 13. Februar.

Acht der ersten 19 Fahrer scheiterten an jener schweren Stelle, die als »Maier-Kurve« in die Annalen eingehen wird, auch Weltmeister Bruno Kernen (Schweiz).

Es war der Tag, an dem sich Jean-Luc Cretier zum Sonnenkönig von Hakuba krönte. Nach vier Verschiebungen am unseligen Mount Karamatsudake nutzte der 31 Jahre alte Routinier unter strahlend blauem Himmel die Gunst des Augenblicks und bescherte Frankreich das erste alpine Gold seit dem Dreifach-Triumph von Jean-Claude Killy 1968.

»Ich verstehe nicht, was ich getan habe. Es ist ein Geschenk des Himmels«, sagte der Sieger, der noch nie ein Weltcuprennen gewonnen und immer im Schatten seines besten Freundes Luc Alphand gestanden hatte: »Normalerweise gratuliere ich immer den anderen, aber heute gratulieren alle mir.«

Noch aus dem Zielraum telefonierte er mit seiner Verlobten Françoise, die zu Hause in La Plagne vor dem Fernseher »in Tränen ausbrach«. Noch mehr durcheinander aber war Sohn Pierre (8), der in der ersten Freude einen Vorhang herunterriß und sich dann via Handy auch noch beschwerte: »Papa, warum bringst du nicht Silber mit? Das ist doch viel schöner.«

Cretier war der würdige Sieger eines verrückten Rennens, das vor allem in der schweren S-Kurve nach 20 Sekunden entschieden wurde. »Das war heute die Abfahrt der Alten, die Jungen haben Lehrgeld gezahlt«, meinte Frankreichs Cheftrainer Didier Bonvin. Cretier siegte vor Lasse Kjus (27) und Hannes Trinkl (30), der den favorisierten Österreichern gerade noch Bronze rettete, mit einer Hundertstelsekunde vor dem Schweizer Jürg Grünenfelder.

Cretiers Sieg war auch ein Sieg der Intelligenz über die pure Kraft eines Hermann Maier. Österreichs viermaliger Saisonsieger Andreas Schifferer mußte sich mit Platz sieben begnügen. Eine Überraschung war der Triumph des Franzosen nicht. Seine Weltcup-Bilanz der Saison: Zwei zweite und ein dritter Platz.

Das fliegende Kamel

Zu Hause in den Savoyer Alpen nennen sie Jean-Luc Cretier seit seiner Kindheit nur »Kabou«. Bekommen hat er diesen Namen, weil er als kleiner Junge gerne Blödsinn machte. Genauso wie das berühmte »Kaboubi«, das fliegende Kamel, das als Comic-Figur in Frankreich so bekannt ist wie Mickey Mouse in der ganzen Welt. In der Abfahrt von Nagano allerdings flogen die anderen durch die Luft und bescherten »Kabou« den Sieg.

Hermann Maier: »Es war ein weiter Flug. Ich habe noch versucht, ein paar Meter zu machen. Zum Glück sind die Schutzengel mitgeflogen. Im übrigen war die Aussicht aus der Vogelperspektive sehr interessant.«

STATISTIK

Abfahrt, Herren

13.02.1998, Olympic Course I, Länge 3289 m

1.	Jean-Luc Cretier	FRA	3	1:50,11
2.	Lasse Kjus	NOR	10	1:50,51
3.	Hannes Trinkl	AUT	8	1:50,63
4.	Jürg Grünenfelder	SUI	24	1:50,64
5.	Edward Podivinsky	CAN	25	1:50,71
6.	Kristian Ghedina	ITA	7	1:50,76
7.	Andreas Schifferer	AUT	5	1:50,77
8.	Didier Cuche	SUI	9	1:50,91
9.	Kyle Rasmussen	USA	26	1:51,09
10.	Patrik Järbyn	SWE	23	1:51,22
11.	Fritz Strobl	AUT	2	1:51,34
14.	Franco Cavegn	SUI	1	1:51,74
A–	Hermann Maier	AUT	4	
A–	Bruno Kernen	SUI	13	

Reihenfolge: Startnummer, Zeit

»Monster« im Olymp

»Ein Wahnsinniger hat gewonnen«, sagte Österreichs Cheftrainer Werner Margreiter. Der Wahnsinnige grinste sich eins: »Erst war ich ganz unten, jetzt bin ich ganz oben – so schnell kann sich's drehen.«
Da stand Hermann Maier im sonnigen Zielraum am Mount Karamatsudake und blickte lächelnd in staunende Augen und offene Münder um sich herum. Seine unglaubliche Helden-Saga sprach für sich, viel mußte er nicht mehr sagen. Selbst Hollywood hätte sich schwergetan, die Geschichte noch besser zu inszenieren.
Nur drei Tage nach seinem »Jahrhundert-Sturz« in der Abfahrt flog Österreichs neuer Nationalheld im olympischen Super-G zu Gold und löste einen rot-weiß-roten Freudentaumel aus, der nur mit dem Jubel um Abfahrts-Olympiasieger Franz Klammer 1976 in Innsbruck zu vergleichen war.
»Einfach unglaublich, unser E.T. Jetzt gehört er zu den Allergrößten«, schwelgte Margreiter über den »Außerirdischen« aus Flachau. »Ich kann mich nicht erinnern, daß einer nach einer solchen Brez'n das nächste Rennen gewonnen hat. Heute ist er in den Olymp aufgestiegen.«

STATISTIK

Super-G, Herren

16.02.1998, Olympic Course I, Länge 2407 m

1.	Hermann Maier	AUT	8	1:34,82
2.	Hans Knauss	AUT	6	1:35,43
2.	Didier Cuche	SUI	17	1:35,43
4.	Alessandro Fattori	ITA	24	1:35,61
5.	Kjetil Andre Aamodt	NOR	15	1:35,67
6.	Patrik Järbyn	SWE	13	1:35,72
7.	Daron Rahlves	USA	11	1:35,96
8.	Tommy Moe	USA	22	1:35,97
9.	Lasse Kjus	NOR	5	1:36,25
10.	Fredrik Nyberg	SWE	14	1:36,31
11.	Bruno Kernen	SUI	16	1:36,37
14.	Steve Locher	SUI	12	1:36,62
18.	Paul Accola	SUI	2	1:36,87
19.	Andreas Schifferer	AUT	10	1:37,00
DQ	Stefan Eberharter	AUT	7	

Reihenfolge: Startnummer, Zeit

Die olympischen Götter waren »Hermann, the Monster« wohlgesonnen. Selbst er, der jedesmal mehr riskiert als alle Rivalen, war nach seinem Horror-Flug ins Grübeln geraten. »Es war sehr hart für mich. Ich hatte einige Probleme mit dem rechten Knie und der linken Schulter.«
Erstmals riskierte der »Herminator« nicht alles, gewann vielleicht deshalb das erste Gold seiner Karriere und trat damit die Nachfolge von Markus Wasmeier an. Dreimal war das Rennen wegen der schlechten Wetterverhältnisse von Freitag bis Montag verschoben worden, jeder Tag mehr brachte Maier voran. Noch kurz vor dem Start bekam er eine schmerzstillende Spritze verabreicht – doch so was wirft einen wie ihn nicht um: »Vollgas habe ich erst unten gegeben.«
Dann spazierte er zum Hermann-Maier-Fanclub und fiel seiner Lebensgefährtin Petra Wechselberger (24), einer Kindergärtnerin, um den Hals. Er drückte ihr seinen Siegerstrauß in die Hand und kam erst nach fünf Minuten wieder zurück.

Maßarbeit: Der Schweizer Didier Cuche sicherte sich Silber, auf die Hundertstelsekunde zeitgleich mit Hans Knauss.

Hermann Maier: Quereinsteiger mit Blitzkarriere

Die Geschichte des Hermann Maier kennt mittlerweile selbst Amerika. Mit 15 Jahren war er aus dem Jugend-Kader geflogen, weil er zu schmal war, und von da an auf sich allein gestellt. Er verdiente als Maurer und Skilehrer sein Geld, fuhr nebenher kleine Rennen.

Der Österreichische Skiverband ÖSV wollte nichts von ihm wissen. Vor zwei Jahren verschaffte ihm Salzburgs Landespräsident einen Platz als Vorläufer beim Riesenslalom in Flachau. Maier fuhr die sechstbeste Zeit, von nun an ging alles wie von selbst.

Im Januar 1997 gewann er in Garmisch-Partenkirchen sein erstes Weltcup-Rennen. Nach zehn Saisonsiegen bis Nagano war ihm der Gesamt-Weltcup nur noch theoretisch zu nehmen. Am Ende des Winters würde Hermann Maier als zweiter Österreicher nach Karl Schranz 1970 die wertvollste Skitrophäe in den Händen halten.

Erst danach wollte er sich seinen schlimmen Sturz erstmals im Fernsehen anschauen. »Bis heute habe ich die Bilder nicht gesehen«, gab er nach dem Olympiasieg freimütig zu. Warum nicht? »Dann hätte ich bloß Angst bekommen.« Angst essen Seele auf – das gilt selbst für den »Herminator«.

Die Geschichte des Hermann Maier erinnert an den Aufstieg vom Tellerwäscher zum Millionär: »Vor zwei Jahren habe ich noch auf dem Bau gearbeitet, jetzt bin ich zweifacher Olympia-Champion«, sagte der blonde Bursche sichtlich gerührt.

Seine Hobbies sind Motorradfahren, Fußballspielen, Klettern und Skitouren. Und der »Wiener Schmäh«, den er perfekt beherrscht: Was er denn nach Olympia mache, wurde der Goldjunge gefragt. »Urlaub auf dem Mars«, lautete die Antwort.

In Wirklichkeit wollte er auf die Sonneninsel Guam.

»Herminator«, Teil II

Die Skiwelt verneigte sich vor Hermann Maier, Österreich drehte durch. Nach dem Jahrhundertsturz in der Abfahrt und der unglaublichen Wiederauferstehung im Super-G fuhr Austrias neuer Nationalheld im Riesenslalom zum zweiten Gold und krönte sich damit zum Skikönig der Winterspiele im Kaiserreich Japan.

Minutenlang schwenkten er und Stefan Eberharter (Silber) die

Tombas Abgang

Für Italiens Superstar Alberto Tomba war der Auftritt zum Auftakt seiner letzten Winterspiele kurz. Nach nur 20 Sekunden des ersten Durchgangs war der dreimalige Olympiasieger an einem Tor hängengeblieben und in die Fangnetze geflogen. »Japanischer Schnee bringt mir kein Glück«, lamentierte der »Maestro« in Anspielung auf die WM 1993 in Morioka, als er erst krank war und dann im Slalom stürzte.

Unterwegs zum Fahnenschwenken: Stefan Eberharter traf sich nach Silber mit Hermann Maier auf dem Siegerpodest.

rot-weiß-rote Fahne auf dem Siegespodest. Der Schweizer Michael von Grünigen mußte sich als Weltmeister und überragender Riesenslalom-Fahrer der letzten beiden Jahre mit Bronze begnügen. Das doppelte Gold war von historischer Dimension: Nur Toni Sailer, dreimaliger Olympiasieger 1956, gewann öfter alpines Gold für Österreich, das im Riesenslalom seit dem »Blitz von Kitz« keinen Sieger mehr gestellt hatte.

Mit zwei Laufbestzeiten siegte der 25 Jahre alte Überflieger auf der weichen Neuschneepiste überlegen. Ob er der vergebenen Abfahrts-Chance nicht nachtrauerte? »Nein, zwei Goldmedaillen sind für mich mehr als drei. Dafür habe ich nach dem Sturz einen neuen Maier-Geburtstag erlebt.«

STATISTIK

Riesenslalom, Herren

19.02.1998, Mt. Higashidate, Länge 1487 m

1.	Hermann Maier 1:20,36 (1) / 1:18,15 (1)	AUT	2:38,51
2.	Stefan Eberharter 1:20,94 (3) / 1:18,42 (3)	AUT	2:39,36
3.	Michael von Grünigen 1:20,98 (5) / 1:18,71 (6)	SUI	2:39,69
4.	Hans Knauss 1:21,16 (6) / 1:18,55 (4)	AUT	2:39,71
5.	Jure Kosir 1:20,97 (4) / 1:19,01 (8)	SLO	2:39,98
6.	Steve Locher 1:21,98 (11) / 1:18,32 (2)	SUI	2:40,30
7.	Paul Accola 1:21,31 (7) / 1:19,26 (11)	SUI	2:40,57
8.	Lasse Kjus 1:21,92 (10) / 1:18,73 (7)	NOR	2:40,65
9.	Christian Mayer 1:20,84 (2) / 1:19,83 (14)	AUT	2:40,67
10.	Fredrik Nyberg 1:22,32 (15) / 1:18,63 (5)	SWE	2:40,95
12.	Urs Kälin 1:22,00 (12) / 1:19,17 (10)	SUI	2:41,17
A–	Markus Eberle 1:24,01 (26) /	GER	

Reihenfolge: Gesamtzeit, 1. Lauf/Plazierung, 2. Lauf/Plazierung

»Ich bin ein Fahrer für die großen Momente«: Mario Reiter wird von Hermann Maier zu seiner Goldmedaille in der Alpinen Kombination beglückwünscht.

Super Mario

Als Mario Reiter in den Zielraum gerast kam, mußten nicht nur die Zuschauer dreimal zur Anzeigetafel schauen. Der 27 Jahre alte Vorarlberger stutzte, erstarrte, begriff erst nach dem dritten Blick: Gold!

»Super Mario«, wie er in Österreich seit langem, aber bis dahin vergeblich genannt wurde, hatte souverän den Kombinations-Slalom gewonnen. Doch nicht einmal er selbst war vorher davon überzeugt gewesen, daß die 1,81 Sekunden Vorsprung auf Lasse Kjus reichen würden: »Er ist ein Weltklasse-Abfahrer, ich bin gar keiner.«

Der Norweger hatte in der alpinen Vielseitigkeitsprüfung Gold bei der WM 1993 und bei Olympia 1994 geholt. Nur schwer konnte sich der »schweigsame Elch« damit trösten, in der Spezial-Abfahrt zwei Stunden zuvor schon überraschend ebenfalls Silber gewonnen zu haben. Weil er den Doppelstart als Nachteil empfand: »Es ist nicht leicht, zweimal an einem Tag Höchstleistung zu bringen.«

Reiter dagegen legte seine ganze Energie in die Kombination. »Ich bin ein Fahrer für die großen Momente«, hatte er versprochen, nachdem er von der österreichischen Mannschaft erst in letzter Minute und höchst umstritten nominiert worden war. »Aber ich wußte, ich gehöre dazu«, sah sich der bereits als »ewiges Talent« abgestempelte Techniker bestätigt.

Während die Teamkollegen im Österreich-Haus schon kräftig auf ihren Goldjungen anstießen, mußte »Super Mario« die Nacht im Krankenhaus verbringen. Der Grund: Bei der Doping-Kontrolle erwies sich die Konzentration seines Urins als zu niedrig. Bis zum Morgen hatte er unter Aufsicht zu bleiben, bis die gewünschte Probe kam.

Tomba geht, Buraas holt Gold in Rot

Der Kaiser kam, Alberto Tomba ging, und ein junger Wilder aus Norwegen setzte sich im Flockenwirbel von Shiga Kogen »ganz cool« die Slalom-Krone auf. Während Hans-Petter Buraas im letzten Rennen der alpinen Winterspiele den Wikingern das erste Gold bescherte, erlebte Italiens dreimaliger Olympiasieger einen bitteren Abschied von Olympia. Entnervt von einem schwachen ersten Lauf, den er auf Platz 17 mit 1,94 Sekunden Rückstand beendete, gab Tomba auf und trat zum zweiten Durchgang nicht mehr an.

»Der Rücken tut weh, ich wollte schon nach der Hälfte aufhören, aber das geht bei Olympia nicht«, lamentierte der »große Meister«, der sich zwei Tage zuvor bei seinem Sturz im Riesenslalom eine Leistenzerrung und eine Prellung am Hinterteil zugezogen hatte. Der Abtritt von der olympischen Bühne war hart, fluchtartig verließ Tomba die Stätte der Schmach, erklärte noch schnell, daß er die Weltcuprennen in Südkorea am kommenden Wochenende sausen lassen werde und flog am Sonntag nach Hause.

Zum ersten Mal gab das japanische Kaiserpaar den Alpinen die Ehre, schon nach Startnummer 31 des ersten Laufes aber hatten Akihito und Michigo von Kälte und Schnee genug, winkten noch einmal ins Volk und verließen unter dem Jubel der 20000 die Ehrentribüne. Hans-Petter Buraas ließ der Abgang des Kaisers kalt, er war auf sich und sein »Gold mit Ansage« konzentriert.

Unbeeindruckt von Nebel und Schneefall stürmte der 22 Jahre alte Norweger mit einem Traumlauf vom zweiten auf den ersten Platz, gleich Olympia-Gold, sein Vorsprung betrug stolze 1,33 Sekunden. Routinier Ole-Christian Furuseth, neun Jahre älter als Buraas, machte mit Silber das norwegische Glück komplett, der nach dem ersten Lauf führende Österreicher Thomas Sykora eroberte Bronze.

»Erster Lauf gut, zweiter schlecht – ich bin froh, daß ich überhaupt eine Medaille habe«, sagte der beste Slalomfahrer der letzten zwei Jahre und lobte dafür den neuen König: »Der hat schon in Kitzbühel gesagt,

STATISTIK

Alpine Kombination, Herren

Slalom: 10.02.1998 Kokusai-Gelände (473 m)
Abfahrt: 13.02.1998 Olympic Course I (2886 m)

1.	Mario Reiter 1:36,21 (6) – 1:31,85 (1)	AUT	3:08,06
2.	Lasse Kjus 1:34,99 (2) – 1:33,66 (2)	NOR	3:08,65
3.	Christian Mayer 1:35,06 (3) – 1:35,05 (4)	AUT	3:10,11
4.	Günther Mader 1:34,83 (1) – 1:35,36 (5)	AUT	3:10,19
5.	Andrzej Bachleda 1:37,04 (9) – 1:34,49 (3)	POL	3:11,53
6.	Alessandro Fattori 1:36,29 (7) – 1:40,71 (6)	ITA	3:17,00
7.	Ales Brezavsek 1:35,94 (5) – 1:44,15 (8)	SLO	3:20,09
8.	Peter Pen 1:36,98 (8) – 1:43,83 (7)	SLO	3:20,81
9.	Jürgen Hasler 1:37,88 (10) – 1:45,27 (9)	LIE	3:23,15
10.	Erik Seletto 1:35,77 (4) – 1:47,46 (11)	ITA	3:23,23
A–	Jürg Grünenfelder	SUI	
A–	Paul Accola	SUI	(Abfahrt)
NA	Hermann Maier	AUT	(Abfahrt)

Reihenfolge: Gesamtzeit, Abfahrt/Plazierung, Slalom/Plazierung

STATISTIK

Slalom, Herren

21.02.1998, Länge 607 m

1. Hans-Petter Buraas 55,28 (2) / 54,03 (1)	NOR	1:49,31
2. Ole-Christian Furuseth 55,53 (3) / 55,11 (4)	NOR	1:50,64
3. Thomas Sykora 55,06 (1) / 55,62 (12)	AUT	1:50,68
4. Tom Stiansen 55,70 (5) / 55,20 (5)	NOR	1:50,90
5. Christian Mayer 56,37 (8) / 54,72 (2)	AUT	1:51,09
6. Thomas Stangassinger 55,63 (4) / 55,62 (12)	AUT	1:51,25
7. Finn-Christian Jagge 56,06 (6) / 55,33 (7)	NOR	1:51,39
8. Joel Chenal 56,68 (14) / 54,83 (3)	FRA	1:51,51
9. Kalle Palander 56,37 (8) / 55,44 (10)	FIN	1:51,81
10. Pierrick Bourgeat 56,28 (7) / 55,54 (11)	FRA	1:51,82
12. Didier Plaschy 56,67 (13) / 55,36 (8)	SUI	1:52,03
18. Paul Accola 57,56 (23) / 57,35 (19)	SUI	1:54,91
19. Michael von Grünigen 57,33 (19) / 57,63 (21)	SUI	1:54,96
NA Alois Vogl	GER	
A– Mario Reiter	AUT	
A– Markus Eberle	GER	
A– Marco Casanova	SUI	

Reihenfolge: Gesamtzeit, 1. Lauf/Plazierung, 2. Lauf/Plazierung

daß er Olympia gewinnt. Hut ab vor seinen Nerven.« Zweiter war Buraas im letzten Rennen vor Nagano hinter Sykora, prompt gelobte er Besserung: »Im nächsten Rennen bin ich ganz oben.«
Ganz unten dagegen sind die deutschen Männer angekommen. Nach dem Aus im Riesenslalom schied Markus Eberle im ersten Slalom-Durchgang aus, Alois Vogl trat wegen einer Ellenbogen-Verletzung nicht an, das Fazit von Cheftrainer Rainer Mutschler fiel dementsprechend aus: »Einer fährt raus, die ganze Mannschaft draußen. Endergebnis deutsche Herren: Bei Olympia nicht vorhanden.« Zum ersten Mal war kein deutscher Mann klassiert.
Kleinlaute Töne im Vergleich zu Buraas, der die neue Generation im Slalom anführt. Der 1,90 m große Schlaks trägt das Haar knallrot gefärbt, vor drei Wochen war es noch quittengelb, vor der Jahreswende noch blauviolett. »Pro Jahr wechselt er die Haarfarbe ungefähr achtmal, er ist ein Verrückter«, sagt Norwegens Pressechef über den neuesten Wikinger, der zu Hause bei seinen Eltern in Gjettum 15 km westlich von Oslo lebt. Die großen Vorbilder hatte Buraas schon als Teenager vor Ort: Wie er gehen auch Lasse Kjus und Finn-Christian Jagge für den Baerums Ski Klubb an den Start. Buraas mag verrückt aussehen, dennoch nimmt er seinen Job ernst. »Seit dem vergangenen Sommer ist er ein richtiger Profi. Wir haben schon vor diesem Winter Großes von ihm erwartet«, berichtete Cheftrainer Jan-Ove Nysten. Vor zwei Jahren mußte sich der Slalom-Spezialist einer Knieoperation (Innenbandriß) unterziehen, vor seiner zweiten Weltcupsaison war er endlich verletzungsfrei.
Ehe er Skiprofi wurde, spielte Buraas in einer Rock 'n' Roll-Band Gitarre, doch mittlerweile ist der junge Wilde nicht mehr so wild, wie er aussieht. Seit zwei Jahren hat der Olympiasieger ein Oldtimer-Motorrad in der Garage stehen, eine Triumph, Baujahr 1968. Geduldig bastelt er daran in jeder freien Minute, doch noch hat er nicht alles zusammen. Auf der Piste ist Buraas dafür um so schneller.

Die jungen Wilden kommen: Hans-Petter Buraas feierte den ersten großen Slalomsieg seiner Karriere überhaupt.

Österreichs Cheftrainer Werner Margreiter rang nach Superlativen, auch wenn es zum Abschluß »nur« Bronze gab: »Es ist der echte Wahnsinn, für uns war dieses Olympia einfach sensationell.« Austria (3-4-4) ging vor Deutschland (3-1-2) und Norwegen (1-3-0) als erfolgreichstes Team aus den alpinen Rennen hervor, weil seine Männer erstmals seit Toni Sailer 1956 wieder dreimal Gold holten.

Tatjanas Traum

Mehr als 12000 begeisterte Japaner machten mit Fahnen und Trommeln den Wettbewerb in der Buckelpiste zu einem Happening – und brüllten die 21jährige Tae Satoya zum Sensations-Gold. Weinend vor Glück sank die kleine Japanerin im Zielraum in sich zusammen. Ohrenbetäubend wurde der Lärm, als sie sich mit der japanischen Fahne in der Hand vor den Fans verneigte. Die Veranstalter hätten über 200000 Karten verkaufen können.

»Ich gönne ihr das Gold von Herzen, weil ich glaube, daß unser Sport damit wieder einen Schritt nach vorne macht«, sagte Tatjana Mittermayer. »Vor zehn Jahren habe ich den Demonstrationswettbewerb in Calgary gewonnen. Heute wieder auf dem Trepperl zu stehen, ist die Erfüllung eines Traumes.« Die hübsche Chiemgauerin lebt für ihren Sport. 1992 wurde sie in Albertville Vierte, 1994 in Lillehammer Sechste.

40 Grad Fieber hatte sie Anfang der Woche gehabt. Bundestrainer Chris Wagner: »Sie ist die einzige, die so was wegsteckt und sich auf den Punkt konzentrieren kann.«

Mit ihrer Silbermedaille, so glaubt Tatjana Mittermayer, erhält der Sport in Deutschland einen Schub: »Die Leute wollen wissen, wo und wie man Freestyle lernen kann.« Und sie wollten ein Autogramm von Tatjana: »Meine Mutter hat mir berichtet, daß nach einer Fernsehsendung über mich körbeweise Post gekommen ist.«

STATISTIK

Freestyle, Springen, Damen

18.02.1998

1. Nikki Stone 98,15 / 94,85	USA	193,00
2. Nannan Xu 87,57 / 99,40	CHN	186,97
3. Colette Brand 87,88 / 83,95	SUI	171,83
4. Tatjana Kosatschenko 81,49 / 85,83	UKR	167,32
5. Alla Zuper 82,18 / 83,94	UKR	166,12
6. Hilde Lid 74,82 / 85,36	NOR	160,18
7. Dandan Guo 89,81 / 69,93	CHN	159,74
8. Juliya Kliyukowa 68,76 / 84,39	UKR	153,15
9. Veronica Brenner 60,75 / 90,40	CAN	151,15
10. Olena Juntschik 56,84 / 82,21	UKR	139,05

Reihenfolge: Gesamtpunktzahl,
1. Durchgang/2. Durchgang

Freestyle, Springen, Herren

18.02.1998

1. Eric Bergoust 133,05 / 122,59	USA	255,64
2. Sebastien Foucras 126,15 / 122,64	FRA	248,79
3. Dimitri Daschtschinski 118,86 / 121,93	BLR	240,79
4. Ales Valenta 115,22 / 117,03	CZE	232,25
5. Britt Swartley 121,70 / 109,91	USA	231,61
6. Alexander Michailow 111,17 / 118,81	RUS	229,98
7. Christian Rijavec 112,79 / 114,81	AUT	227,60
8. Aleksej Grischin 100,84 / 120,15	BLR	220,99
9. Stanislaw Krawtschuk 107,35 / 112,59	UKR	219,94
10. Nicolas Fontaine 123,71 / 93,22	CAN	216,93
11. Michele Rohrbach 61,48 / 67,88	SUI	129,36

Reihenfolge: Gesamtpunktzahl,
1. Durchgang/2. Durchgang

STATISTIK

Freestyle, Buckelpiste, Damen

11.02.1998, Länge 250 m

1.	Tae Satoya	JPN	25,06
2.	Tatjana Mittermayer	GER	24,62
3.	Kari Traa	NOR	24,09
4.	Donna Weinbrecht	USA	24,02
5.	Anne-Marie Pelchat	CAN	23,95
6.	Minna Karhu	FIN	23,83
7.	Aiko Uemura	JPN	23,79
8.	Elizabeth McIntyre	USA	23,72
9.	Sandra Schmitt	GER	23,67
10.	Ann Battelle	USA	23,65
11.	Gabriele Rauscher	GER	23,59

Freestyle, Buckelpiste, Herren

11.02.1998, Länge 250 m

1.	Jonny Moseley	USA	26,93
2.	Janne Lahtela	FIN	26,00
3.	Sami Mustonen	FIN	25,76
4.	Jean-Luc Brassard	CAN	25,52
5.	Lauri Lassila	FIN	25,43
6.	Jesper Ronnback	SWE	25,32
7.	Ryan Johnson	CAN	25,25
8.	Stephane Rochon	CAN	25,01
9.	Kurre Lansburgh	SWE	24,71
10.	Alexander Wilson	USA	24,68

meinem Leben, den ich niemals vergessen werde. Ich stehe völlig unter Schock.« Doch bei einer Snowboarderin fließen Tränen eben nicht lange.

Tschan aus Arosa

Nach seinem Gold in der Halfpipe bot ihm Landsmann Marc Hodler, mächtiger Präsident des Ski-Weltverbandes, gleich das Du an: »Ich bin der Tschan«, antwortete Gian Simmen ganz ungezwungen und strahlte ihn durch seine zwei Zahnspangen an.

Genau eine Woche vor seinem 21. Geburtstag katapultierte sich der Bub vom Churer Hof über Arosa in die Schweizer Öffentlichkeit. Die Fans kamen mit ganzen Busladungen zum Flughafen Zürich, um ihn zu feiern.

In Nebel und Regen hatte der schmale Bursche (1,75 m, 64 kg) mit einem ersten Traumlauf die Favoriten geschockt und die Führung im Stil eines Routiniers nach Hause geschaukelt. Die Stars der Szene aus Kanada und den USA hatten nicht seine Nerven. Nun warteten lukrative Olympiarevanchen im Profizirkus durch Amerika auf ihn, bevor er sich seinen voreilig geäußerten Wunsch erfüllen konnte: »Urlaub auf Hawaii.«

Passives Doping?

Am Ende war der erste Dopingfall der Winterspiele in Nagano zwar gar keiner, aber der gute Ruf der Snowboarder

STATISTIK

Snowboard, Halfpipe, Damen

12.02.1998

1.	Nicola Thost 37,5 / 37,1	GER	74,6
2.	Stine Kjeldaas 36,7 / 37,5	NOR	74,2
3.	Shannon Dunn 38,8 / 34,0	USA	72,8
4.	Cara-Beth Burnside 36,1 / 36,5	USA	72,6
5.	Maelle Ricker 36,8 / 34,3	CAN	71,1
6.	Minna Hesso 34,8 / 36,0	FIN	70,8
7.	Jenny Jonsson 31,8 / 34,1	SWE	65,9
8.	Jennie Waara 30,9 / 31,8	SWE	62,7

Reihenfolge: Gesamtpunktzahl, 1. Durchgang/ 2. Durchgang

Snowboard, Halfpipe, Herren

12.02.1998

1.	Gian Simmen 43,8 / 41,4	SUI	85,2
2.	Daniel Franck 38,1 / 44,3	NOR	82,4
3.	Ross Powers 40,3 / 41,8	USA	82,1
4.	Fabien Rohrer 36,4 / 42,3	SUI	78,7
5.	Guillaume Chastagnol 37,8 / 40,5	FRA	78,3
6.	Jacob Soderqvist 38,3 / 39,5	SWE	77,8
7.	Sebastian Kuhlberg 36,8 / 39,8	FIN	76,6
8.	Michael Michalchuck 38,6 / 37,4	CAN	76,0
9.	Brett Carpentier 43,3 / 32,3	CAN	75,6
10.	Jonathan Collomb-Patton 36,2 / 39,3	FRA	75,5

Reihenfolge: Gesamtpunktzahl, 1. Durchgang/ 2. Durchgang

Snowboard, Riesenslalom, Damen

10.02.1998, Länge 936 m

1.	Karine Ruby 1:09,33 (1) / 1:08,01 (6)	FRA	2:17,34
2.	Heidi Renoth 1:11,92 (5) / 1:07,25 (3)	GER	2:19,17
3.	Brigitte Köck 1:13,01 (7) / 1:06,41 (2)	AUT	2:19,42
4.	Lidia Trettel 1:11,68 (3) / 1:08,03 (8)	ITA	2:19,71
5.	Ursula Fingerlos 1:12,37 (6) / 1:07,99 (5)	AUT	2:20,36
6.	Marion Posch 1:13,32 (8) / 1:08,02 (7)	ITA	2:21,34
7.	Dagmar Mair Unter Der Eggen 1:13,35 (9) / 1:09,07 (13)	ITA	2:22,42
8.	Isabel Zedlacher 1:11,89 (4) / 1:11,03 (15)	AUT	2:22,92
9.	Sandra Farmand 1:14,39 (10) / 1:08,71 (12)	GER	2:23,10
10.	Marie Birkl 1:15,99 (13) / 1:07,92 (4)	SWE	2:23,91
11.	Cécile Plancherel 1:15,84 (12) / 1:08,23 (9)	SUI	2:24,07
14.	Heidi Jaufenthaler 1:18,43 (17) / 1:09,51 (14)	AUT	2:27,94
18.	Renate Keller 1:19,48 (19) / 1:12,32 (17)	SUI	2:31,80
24.	Stefanie von Siebenthal 1:21,93 (22) / NA	SUI	1:21,93
A–	Burgl Heckmair	GER	

Reihenfolge: Gesamtpunktzahl, 1. Lauf/ Plazierung, 2. Lauf/Plazierung

Snowboard, Riesenslalom, Herren

08.02.1998

1.	Ross Rebagliati 59,87 (8) / 1:04,09 (2)	CAN	2:03,96
2.	Thomas Prugger 59,38 (2) / 1:04,60 (5)	ITA	2:03,98
3.	Ueli Kestenholz 1:00,20 (10) / 1:03,88 (1)	SUI	2:04,08
4.	Dieter Krassnig 1:00,11 (9) / 1:04,22 (3)	AUT	2:04,33
5.	Matthieu Bozzetto 59,83 (7) / 1:04,74 (6)	FRA	2:04,57
6.	Christopher Klug 59,38 (2) / 1:05,87 (10)	USA	2:05,25
7.	Martin Freinademetz 59,58 (4) / 1:05,76 (9)	AUT	2:05,34
8.	Maxence Idesheim 1:00,75 (12) / 1:04,77 (7)	FRA	2:05,52
9.	Dieter Happ 1:02,65 (16) / 1:04,40 (4)	AUT	2:07,05
10.	Thedo Remmelink 1:02,01 (15) / 1:05,24 (8)	NED	2:07,25
14.	Dieter Moherndl 1:03,03 (19) / 1:07,00 (12)	GER	2:10,03
23.	Sigi Grabner 1:00,61 (11) / DQ	AUT	1:00,61
25.	Bernd Kroschewski 1:03,53 (22) / DQ	GER	1:03,53
DQ	Fadri Mosca	SUI	
DQ	Gilles Jaquet	SUI	
DQ	André Grütter	SUI	

Reihenfolge: Gesamtpunktzahl, 1. Lauf/ Plazierung, 2. Lauf/Plazierung

damit. In der Dopingprobe des kanadischen Siegers Ross Rebagliati waren Spuren von Marihuana entdeckt worden.
Er wurde erst vom IOC disqualifiziert, dann vom Unabhängigen Sportgerichtshof (CAS) rehabilitiert, weil die Regeln nicht eindeutig waren. Alles innerhalb von drei Tagen.
Das deutsche IOC-Exekutivmitglied Thomas Bach reagierte verärgert: »Ich bin sehr enttäuscht, das ist das absolut falsche Signal. Für mich ist die Frage, ob Marihuana leistungsfördernd ist oder nicht, gar nicht entscheidend. Ich will keine Olympiasieger, die Drogen nehmen.«
Ross Rebagliati ließ erklären, er könne die Spuren nur beim Passivrauchen aufgenommen haben. Es war der erste Marihuana-Fall der olympischen Geschichte.

Spitzensport

Heidi Renoth, 19 Jahre, Slalom-Weltmeisterin 1997, gewann bei der olympischen Snowboard-Premiere Silber im Riesenslalom. Anschließend äußerte sich die Berchtesgadenerin über ihren Sport.
»Ich glaube fest daran, daß sich Snowboard entwickeln wird. Wir sind keine Modeveranstaltung, wir betreiben Spitzensport. Es wird sich nicht nur durch Olympia in den nächsten Jahren viel tun.

Es wird andere Materialien geben, mehr Geld und hoffentlich mehr Leute, die sich für Snowboard interessieren. Aber bis wir die Popularität der Alpinen erreicht haben, wird noch eine Weile vergehen.
Sicher ist die Medaille ein Einschnitt in meinem Leben, aber ich bleibe wie ich bin. Ich werde meine Zurückhaltung nicht aufgeben. Die meisten Mädchen in der Szene sind so wie ich. Dieses Gerede von lauter Ausgeflippten ist Unsinn.«

Wie süß Gold doch schmecken kann: Nicola Thost aus Pforzheim, schon vor Olympia als Mitglied des Profizirkus der Snowboarder in die weite Welt gezogen.

Drei Plätze unter den ersten Zehn, aber keiner unter den ersten Drei: Österreichs Snowboarder im Riesenslalom. Auch Dieter Happ zündete erst im zweiten Lauf die Raketen – zu spät.

Der Kuß des Prinzen: Albert von Monaco beglückwünscht Heidi Renoth.

Schweizer Ehrengarde: Giann Simmen gewann das Halfpipe-Finale.

Georg Hackl machte mit seinem dritten Sieg in Serie den Anfang, Christoph Langen setzte im Viererbob den goldenen Schlußpunkt. In der »Spirale« über Nagano fuhren die deutschen Schlitten in fünf Wettbewerben zu viermal Gold. Im Zweierbob gab es erstmals zwei Olympiasieger, auch die sprachen beide deutsch: Günther Huber aus Südtirol und Pierre Lueders aus Kanada, dessen Eltern aus Brandenburg stammen. Im Vierer mußten die Medaillen erstmals nach drei Läufen vergeben werden, weil »El Nino« die Bahn in einen reißenden Bach verwandelt hatte.

Gold! Im letzten Lauf konnte Pierre Fritz Lueders genau jene drei Hundertstel auf Günther Huber wettmachen, die zum gemeinsamen Olympiasieg reichten. Auch die Bremser David MacEachern und Antonio Tartagl a (kleines Bild links- bzw. rechtsaußen) waren nach 5440 Metern zeitgleich im Bobfahrer-Himmel angekommen.

Bobsport/Rodeln

50 Meter in 4,78 Sekunden. Nach dem Startrekord im ersten Lauf sah sie die Konkurrenz nur noch von hinten: Christoph Langen, Markus Zimmermann, Marco Jacobs und Olaf Hampel (von links) fuhren das letzte deutsche Gold ein.

1998

Der größte Rodler aller Zeiten: Auch die erste Bahn der Welt, auf der es nicht nur bergab ging, konnte den Aufstieg des Hackl Schorsch auf den Olymp nicht bremsen. Startnummer 3 auf dem Weg zum dritten Gold in Serie.

racing
reusch

adidas
NAGANO 1998
3
uvex

Einfach Wahnsinn

sid: **»Wie sind zwei Tausendstelsekunden Abstand zu erklären?«**

Silke Kraushaar: **»Das war Pech für die eine und Glück für die andere. Eigentlich hätten wir beide Gold verdient, denn wir haben beide Rodelgeschichte geschrieben. Der Ausgang sollte wohl einfach so sein.«**

Barbara Niedernhuber: »So etwas kann man nicht erklären, man sollte sich gar nicht an irgendwelchen Kleinigkeiten aufhängen. Das war einfach Wahnsinn von Anfang bis Ende, einfach super.«

sid: **»Hätten Sie sich und Ihrer Konkurrentin das zugetraut?«**

Kraushaar: **»Der Barbara schon, wenn sie die Nerven behält. Die Bahn ist maßgeschneidert für sie. Für mich war die Olympiateilnahme schon ein riesiger Erfolg. Von einer Medaille habe ich manchmal geträumt, aber nie von der Goldmedaille.«**

Niedernhuber: »Ich habe meine guten Trainingsergebnisse nie überschätzt, so einfach läuft das nicht. Ich hätte mit noch viel größerer Konkurrenz gerechnet. Die Silke stand bei mir ganz klar auf der Rechnung, der Sieg bei der Europameisterschaft vor einem Monat hat ihr einen enormen Kick gegeben.«

sid: **»Wie war Ihre erste Reaktion?«**

Kraushaar: **»Ich konnte es nicht fassen. Mein vierter Lauf war nicht perfekt. Ich wäre auch mit Silber glücklich gewesen. Ein so knappes Ergebnis ist für die Siegerin fast schwerer zu verkraften als für die Zweite. Ich werde es wohl erst richtig begreifen, wenn ich wieder in Deutschland bin.«**

Niedernhuber: »Natürlich ärgerst du dich im ersten Moment, aber ich bin auf keinen Fall enttäuscht. Wir beide haben zwei Tage lang alles gegeben, auf der Bahn und an Nervenkraft. Für jeden von uns war Gold oder Silber drin. Jetzt freue ich mich auch über Platz zwei gewaltig, das haben ja auch noch nicht so viele bei ihrem Olympiadebüt geschafft.«

Zwei Gold-Mädchen

Nach dem knappsten Einlauf der Rodelgeschichte fand die um einen Wimpernschlag geschlagene Barbara Niedernhuber die Worte des Tages: »Zwei Tausendstel Abstand kann man nicht erklären. Das ist Sport, und dabei wollen wir es auch belassen«, meinte der Hackl-Schützling vom Königssee völlig gelöst.

Silke Kraushaar, die Überraschungs-Olympiasiegerin aus Sonneberg in Thüringen, stimmte ihr aus vollem Herzen zu.

Auf ihrem vier Jahre alten Schlitten »und noch älteren Kufen« hatte die 27jährige ihren Rückstand von sechs Tausendstel im vierten Durchgang wettgemacht und nach insgesamt 4776 Metern durch die »Spirale« von Nagano einen Vorsprung von fünf Zentimetern herausgefahren.

»Wie und wo das passiert ist, das ist mir wurscht. Wir haben in Wirklichkeit zwei Goldmädchen, das allein zählt«, strahlte Bundestrainer Thomas Schwab. Nur bei Weltmeisterin Susi Erdmann kullerten ein paar Tränen: »Natürlich bin ich traurig. Ich habe alles riskiert und in Kurve zehn alles verloren.« So holte Angelika Neuner aus Innsbruck mit Bahnrekord im letzten Lauf Bronze nach Silber 1992. Die 30jährige Blondine aus Unterhaching aber ging nach Bronze 1992 und Silber 1994 erstmals leer aus. Susi Erdmanns Schlußfolgerung: »Es hat sich wieder gezeigt: Nur wenn man jung ist, ist man so richtig heiß.«

Doch an Silke Kraushaar sind auch nur die Erfolge jung: »Gib nicht auf, habe ich mir schon so oft gesagt, wenn der nächste Rückschlag kam«, blickte das Leichtgewicht (1,74 m, 65 kg) auf harte Zeiten zurück.

Am Start nahm Silke Kraushaar an den zwei Tagen ihrer Rivalin acht Hundertstel ab – zwei Meter. Mit diesem Handicap einer schlechten Startzeit geht die »wilde Barbara vom Königssee« seit einem schlimmen Sturz 1992, bei dem sie sich vier Wirbel anbrach, auf die Strecke.

Mit Georg Hackl bastelte sie oft täglich stundenlang am Schlitten, der in der Spirale von Nagano wie geschmiert lief. »Ja mei, Silber ist doch für den Anfang auch was, und ich bin schließlich noch die Jüngste«, zeigte sie sich keine Spur enttäuscht: »Das paßt schon, hat mir der Schorsch gesagt, und damit hat er recht.« Silke Kraushaar (Bildserie rechte Seite) hatte

STATISTIK

Rodeln, Einsitzer, Damen

10./11.02.1998, Bahnlänge 1194 m

1.	Silke Kraushaar 51,197 (1) – 51,178 (2) – 50,787 (1) – 50,617 (2)	GER	3:23,779
2.	Barbara Niedernhuber 51,216 (2) – 51,103 (1) – 50,837 (2) – 50,625 (3)	GER	3:23,781
3.	Angelika Neuner 51,417 (3) – 51,286 (3) – 50,945 (4) – 50,605 (1)	AUT	3:24,253
4.	Susi Erdmann 51,475 (4) – 51,348 (5) – 50,895 (3) – 50,731 (5)	GER	3:24,449
5.	Andrea Tagwerker 51,518 (5) – 51,335 (4) – 50,990 (5) – 50,648 (4)	AUT	3:24,491
6.	Erin Warren 51,644 (6) – 51,461 (6) – 51,364 (8) – 50,859 (7)	USA	3:25,328
7.	Cammy Myler 51,795 (9) – 51,654 (8) – 51,219 (6) – 50,807 (6)	USA	3:25,475
8.	Bethany Calcaterra-McMahon 51,696 (7) – 51,651 (7) – 51,296 (7) – 50,915 (8)	USA	3:25,558
9.	Gerda Weissensteiner 51,744 (8) – 51,998 (13) – 51,415 (10) – 50,956 (9)	ITA	3:26,113
10.	Sonja Manzenreiter 51,892 (10) – 51,828 (11) – 51,369 (9) – 51,183 (10)	AUT	3:26,272

Reihenfolge: Einzelzeiten/jew. Plazierungen

sich gleich im ersten Lauf an die Spitze gesetzt (0,019 vor Niedernhuber), lag nach dem zweiten um 0,056 zurück, kam im dritten wieder mit Bestzeit auf 0,006 heran – und war im vierten Durchgang um 0,008 Sekunden schneller: »Dabei war es kein perfekter Lauf. Du hast eben dein Bestes gegeben, Silber ist auch super, habe ich mir im Ziel gesagt.«
Als zwei Minuten später der Krimi zu Ende war und bei Barbara »0,002 zurück« aufleuchtete, da konnte sie es kaum fassen. Für Trainer Thomas Schwab gab es sowieso keine Verliererin: »Das war ein wahnsinniger Wettkampf zweier Olympia-Debütantinnen. Das ist einfach unglaublich, da muß man sich erst einmal an den Kopf fassen.«

Gesucht und gefunden

Die letzte gemeinsame Schlittenfahrt endete für Stefan Krauße und Jan Behrendt auf dem Olymp. Mit der zweiten Goldmedaille nach 1992, neben Silber 1988 und Bronze 1994, verabschiedeten sich die beiden 30jährigen Oberhofer in Nagano als erfolgreichstes Rodel-Doppel aller Zeiten in den sportlichen Ruhestand.
Beschlossen und begossen wurde der denkwürdige Tag um Mitternacht im »Thüringen-Zelt« in Nagano. »In Zukunft sehen wir uns sowieso vor allem beim Bier wieder, wir wohnen ja im selben Ort«, freute sich »Untermann« Behrendt (1,68 m, 70 kg) auf die Zeit danach.
Sie hatten sich bei der Einschulung vor 24 Jahren erstmals getroffen und seitdem wie Pech und Schwefel zusammengehalten: »Wir haben uns gesucht und gefunden«, erinnerte sich »Pilot« Krauße (1,86 m, 90 kg) noch gut. »Auch wenn man es uns nicht ansieht, wir sind beide zurückhaltende Typen und vom Temperament her sehr ähnlich.« 1978 kamen sie zum Rodeln, 1982 stiegen sie gemeinsam in den Doppelsitzer um. Stefan Krauße: »Wir hatten fast nur gute Zeiten. Beide Olympiasiege waren gleich schön, aber dieser letzte war schwerer.«
Wie man Doppel fährt, erklärt Jan Behrendt: »Ich sehe unten zwar etwas weniger als Stefan, aber dafür spüre ich durch den Druck mehr. Viele meinen ja, daß nur der Obermann steuert, doch das stimmt nicht. Jeder hat die Füße an den Kufen.«
So jagten sie vor zwei US-Paaren durchs Ziel. »Es sind die ersten olympischen Rodelmedaillen für die USA«, freute sich Chris Thorpe. »Wir werden zu Hause nun sicher nicht wie Alberto Tomba gefeiert, aber das tut unserem Sport trotzdem gut.« Nur Rang vier blieb den Kufsteiner Cousins Tobias und Markus Schiegl (Österreich), den Weltmeistern 1996 und 1997. »Es war eine schöne Zeit, aber jetzt gibt es keine sportlichen Ziele mehr«, blickte Deutschlands Traumpaar der Eisröhre ohne Wehmut zurück. »Manchmal hat es uns geärgert, daß die Einer-Fahrer mehr im Blickpunkt standen, aber zu zweit ließ sich das ganz gut verkraften.«

STATISTIK

Rodeln, Doppelsitzer, Herren

13.02.1998, Bahnlänge 1194 m

1.	Stefan Krauße/Jan Behrendt 50,592 (1) – 50,513 (3)	GER 1:41,105
2.	Chris Thorpe/Gordy Sheer 50,634 (2) – 50,493 (1)	USA 1:41,127
3.	Mark Grimmette/Brian Martin 50,716 (3) – 50,501 (2)	USA 1:41,217
4.	Tobias Schiegl/Markus Schiegl 50,846 (4) – 50,575 (4)	AUT 1:41,421
5.	Kurt Brugger/Wilfried Huber 50,897 (5) – 50,871 (8)	ITA 1:41,768
6.	Gerhard Plankensteiner/ Oswald Haselrieder 51,084 (6) – 50,833 (7)	ITA 1:41,917
7.	Igor Urbanski / Andrej Muhin 51,262 (7) – 50,706 (5)	UKR 1:41,968
8.	Steffen Skel / Steffen Wöllner 51,408 (10) / 50,816 (6)	GER 1:42,224
9.	Danil Tschaban / Wiktor Kneib 51,370 (9) / 51,023 (9)	RUS 1:42,393
10.	Albert Demtschenko / Semen Kolobajew 51,515 (12) / 51,041 (10)	RUS 1:42,556

Reihenfolge: 1. Lauf, Plazierung, 2. Lauf, Plazierung, Gesamtzeit

Der Hackl Schorsch

Für Bundestrainer Thomas Schwab wurde er schon »ohne Nerven geboren«, für dessen Vorgänger Sepp Lenz bringt er eine geradezu unheimliche Wettkampfstärke mit. Verbandspräsident Klaus Kotter vergleicht ihn mit einem Fallschirmspringer, der sich nie einem Gerät anvertrauen würde, bei dem er nicht vorher alle Teile selbst geprüft hat.

Georg Hackl ist ein Rodler durch die Zeiten, für den die Jahre keine Rolle zu spielen scheinen. Nicht erst seit dem 9. Februar 1998 ist er eine Ausnahmefigur, mit drei Olympiasiegen und drei Weltmeistertiteln. Seit 1988, als er als 21jähriger Silber in Calgary gewann, ist er beim wichtigsten Wettbewerb in jeder Saison nie schlechter als auf Platz zwei gefahren. Darauf ist er besonders stolz, sagt er selbst.

Bei allen Erfolgen ist er ein Ur-Bayer geblieben, bescheiden, bodenständig, grundseriös. »Ein Glücksfall für unseren Sport«, wie Kotter weiß. Hinter seiner Serie stecken Fleiß und Leidenschaft, die er von seinem Lehrmeister Sepp Lenz übernahm.

Hackl selbst spricht vom »Erbsen zählen«, wenn er das Geheimnis seiner guten Schlitten erklären soll: »Da kommen unzählige Bausteine zusammen. Wunderkufen gibt es nicht, die sind nur eine Erfindung der Medien.« Wo andere Stunden an der Hantel verbringen, steht er schon morgens um acht an der Werkbank und tüftelt an weiteren Verbesserungen herum.

Längst nicht alle Versuche gelingen, und nach zwanzig Jahren im Schlitten weiß er zu gut, daß es »perfekte Fahrten nicht gibt«. Deshalb ist er trotz aller Höhenflüge nie abgehoben, hat sich trotz der Erwartungshaltung der Öffentlichkeit »nie unter Druck gefühlt«, denn: »Unter Druck setzen kann ich mich nur selbst.« So ist er der Hackl Schorsch geblieben und zum Phänomen geworden.

Zwanzig Jahre zuvor war er erstmals am Königssee bei Sepp Lenz erschienen: »Er war der aufmerksamste Schüler, den ich beim Schlittenbau je hatte«, erinnert sich die Trainerlegende an den Elfjährigen. Auch an das zweite Schlüsselerlebnis: »Vor zehn Jahren in Calgary, als der Schorsch als krasser Außenseiter Silber holte, da habe ich erstmals begriffen, über welch unheimliche Wettkampfstärke dieser Bursche verfügt.«

In Kurve 13 die Messe gelesen

Georg Hackls Triumphfahrt in die Rodelgeschichte mit dem dritten Olympiasieg in Serie endete erst weit nach Mitternacht im »Kufenstüberl«, unterhalb der Zielkurve von Nagano, bei einem zünftigen bayerischen Weißbier. »Du hast mir das schönste Geburtstagsgeschenk gemacht«, strahlte Trainerlegende Sepp Lenz, der am Vortag 63 Jahre alt geworden war.

Sieben Stunden zuvor hatte der Hackl Schorsch in Kurve 13 gewußt, daß »die Messe gelesen ist«. Rund 200 Meter vor dem Ende seines letzten Durchganges konnte nichts mehr passieren: »Den Lauf bin ich auch nicht mehr blind mit vollem Risiko gefahren.« Nach der Dopingkontrolle hatte er dem Kufenstüberl einen ersten Blitzbesuch abgestattet: »Keinen Champagner, nur einen Leberkäs', ich muß zur Siegerehrung, bis später.«

An zwei Tagen war der 31jährige viermal Bestzeit gefahren, hatte seinen stärksten Rivalen Armin Zöggeler aus Südtirol um 0,503 Sekunden distanziert – oder in der 1326 m langen »Spirale« um 13,25 Meter.

Mitten im ersten Fernsehinterview hatte das Handy geklingelt, am anderen Ende war Margit aus Berchtesgaden: »Das war meine Freundin. Sie hat gesagt, sie hat mich lieb; ich hab' gesagt, ich hab' sie lieb. Von Heirat war nicht die Rede.«

Es war der erste Saisonsieg des 1,72 m großen und 81 kg schweren Kraftpaketes gewesen, doch überraschend kam er für niemanden. Bundestrainer Thomas Schwab: »Der Schorsch ist einsame Spitze darin, sich mental auf ein Großereignis vorzubereiten.«

Auch Georg Hackl wollte davon nichts wissen, daß er über Monate gepokert habe: »Ich habe doch nicht immer absichtlich verloren. Erst zwei Wochen vor Olympia war ich sicher, richtig ausgerüstet zu sein. Aber ich war bis zuletzt nicht von meinem Sieg überzeugt.«

Noch am Morgen hatte Hackl Angst, daß der Neuschnee die Bahn stumpf gemacht haben könnte: »Eismeister Ralf Mende aus Altenberg hat mit seiner Crew toll gearbeitet, ein dickes Dankeschön.«

STATISTIK

Rodeln, Einsitzer, Herren

09.02.1998, Bahnlänge 1326 m

1.	Georg Hackl 49,619 (1) – 49,573 (1) – 49,614 (1) – 49,630 (1)	GER	3:18,436
2.	Armin Zöggeler 49,715 (2) – 49,690 (2) – 49,737 (3) – 49,797 (3)	ITA	3:18,939
3.	Jens Müller 49,954 (4) – 49,700 (3) – 49,729 (2) – 49,710 (2)	GER	3:19,093
4.	Markus Prock 49,861 (3) – 49,732 (4) – 49,863 (4) – 50,200 (11)	AUT	3:19,656
5.	Markus Kleinheinz 50,016 (5) – 49,779 (5) – 49,918 (8) – 50,011 (9)	AUT	3:19,724
6.	Wendel Suckow 50,069 (6) – 49,871 (7) – 49,908 (6) – 49,880 (5)	USA	3:19,728
7.	Gerhard Gleirscher 50,161 (9) – 49,816 (6) – 49,911 (7) – 49,897 (7)	AUT	3:19,785
8.	Reinhold Rainer 50,105 (8) – 50,008 (9) – 49,897 (5) – 49,936 (8)	ITA	3:19,946
9.	Adam Heidt 50,401 (13) – 49,899 (8) – 49,971 (9) – 49,827 (4)	USA	3:20,098
10.	Norbert Huber 50,100 (7) – 50,129 (11) – 50,026 (10) – 49,883 (6)	ITA	3:20,138
12.	Karsten Albert 50,353 (12) – 50,172 (13) – 50,080 (11) – 50,499 (17)	GER	3:21,104
22.	Reto Gilly 50,594 (16) – 50,646 (20) – 51,485 (25) – 50,627 (20)	SUI	3:23,352

Georg Hackl

Geb. am 9. September 1966 in Berchtesgaden, Olympiasieger 1992 in Albertville, 1994 in Lillehammer, 1998 in Nagano, Olympia-Zweiter 1988 in Calgary. Weltmeister 1989, 1990, 1997, WM-Zweiter 1991, 1993, 1995, 1996; WM-Zweiter 1987 im Doppelsitzer, Europameister 1988, 1990.

Präsident Klaus Kotter gab das Lob sofort an seinen Goldjungen zurück: »Seine Erfolge basieren auf Fleiß und Bescheidenheit. Morgens um acht brennt im Leistungszentrum Königssee schon das Licht. Da steht der Hackl und arbeitet an seinem Schlitten, und dazu noch an dem von Barbara Niedernhuber.«

Wie er sich als dreimaliger Olympiasieger fühle, wurde er gefragt. »Nicht anders als vorher – aber ich bin es ja auch erst seit ein paar Minuten.« Ans Aufhören dachte er noch nicht: »1999 ist ja die WM am Königssee, und außerdem mache ich den Sport aus Spaß.« In diesem Moment kam Markus Prock vorbei, nach zweimal Silber nur auf Platz vier gelandet: »Meine Hochachtung, Schorsch.«

Jens Müller stufte sein Bronze sogar höher ein als das Gold von 1988: »Ich bin stolz, daß ich am zweiten Tag noch Markus Prock abfangen konnte. An Hackl kommt bei Olympia eben keiner vorbei.«

Unglaublich, aber wahr

Man sprach Deutsch auf dem Siegerpodest. Den ersten Doppelsieg in der olympischen Bobsport-Geschichte teilten sich im Zweier der Südtiroler Günther Huber und der Deutsch-Kanadier Pierre Lueders. Bronze sicherte sich wie 1992 Christoph Langen.

Nach insgesamt 5440 Metern durch die »Spirale« von Nagano hielten die Stoppuhren für den 32jährigen aus der Brunecker Kufen-Dynastie und für den 27jährigen Sohn deutscher Auswanderer jeweils bei 3:37,24 Minuten an. Beide hatten sich ein faszinierendes Duell durch die 1360 m lange Bahn mit ihren 15 tückischen Kurven geliefert.

Pierre Fritz Lueders, dessen Eltern Mitte der fünfziger Jahre aus Brandenburg ausgewandert waren, konnte es kaum fassen: »Bis zuletzt habe ich den Glauben daran nicht verloren, daß wir es noch schaffen können, obwohl ich mich vor dem letzten Start total k.o. fühlte, wie ein Auto ohne Benzin. Seit 1989 habe ich von diesem Tag geträumt.«

Damals hatte ihn beim ersten Besuch in der alten Heimat sein Vetter, ein Sportjournalist, zum Bobfahren überredet. Beide umarmten sich nach dem glücklichen Ende am Ziel voller Rührung.

Trotz WM-Silber 1995 und 1996 galt er lange als Nervenbündel, aber dieses Urteil konnte er in Nagano eindrucksvoll widerlegen. Nach Hubers Bestzeit zu Beginn holte Lueders in jedem Lauf eine Winzigkeit auf: »Noch nie habe ich so gekämpft«, bekannte der blonde 100-Kilo-Bursche mit der Holzfällerfigur.

Bauernsohn Günther Huber, Olympiadritter 1994, imponierte nicht weniger. Bei jedem Start verlor er fast eine Zehntelsekunde, glich dies aber durch unglaubliche Steuerkunst aus: »Das ist die Schule des Rodlers«, meinte Wolfgang Hoppe voller Anerkennung. Weil ihm seine Brüder im Schlitten davonfuhren, war Günther 1990 in den Bob umgestiegen. »Im letzten Durchgang ist mir in Kurve zehn ein großer Schnitzer passiert«, berichtete er, »aber ein Fehler in vier Läufen ist ganz normal, denn wir mußten immer volles Risiko gehen, weil Pierre uns im Nacken saß.«

Christoph Langen entriß Bronze trotz 0,15 Sekunden Rückstand nach dem ersten Tag noch dem Schweizer Christian Reich, der großen Überraschung aus Startgruppe zwei. Der Unterhachinger hatte am zweiten Tag Kufen von Harald Czudaj aufgezogen und war »mit voller Granate« noch von Platz fünf nach vorn geprescht.

Weltmeister Reto Götschi mußte sich als Mitfavorit mit Rang sechs begnügen: »Ich habe keine Erklärung.« Zwei Tage später verlor er auch die interne Vierer-Ausscheidung gegen sein ehemaliges Crewmitglied Christian Reich.

Mit dem Sieg im Zweierbob fuhr Günther Huber das zweite Olympiagold für die Südtiroler »Kufen-Dynastie« ein. Von den Winterspielen 1994 waren drei der vier Brüder mit Medaillen auf den elterlichen Bauernhof nach Bruneck heimgekehrt. Den Doppelsitzer hatte Wilfried Huber vor Norbert gewonnen, beide mit anderen Partnern. Günther holte sich Bronze im Zweierbob. Nur Arnold ging damals im Rodel-Einer mit Platz vier leer aus. Er war 1991 in Winterberg Weltmeister vor Georg Hackl geworden.

STATISTIK

Zweierbob

14./15.02.1998, Bahnlänge 1360 m

1. Günther Huber/Antonio Tartaglia 54,51 (1) – 54,29 (2) – 54,17 (3) – 54,27 (2)	ITA	3:37,24
1. Pierre Lueders/David MacEachern 54,56 (2) – 54,28 (1) – 54,16 (2) – 54,24 (1)	CAN	3:37,24
3. Christoph Langen/Markus Zimmermann 54,82 (7) – 54,62 (6) – 54,11 (1) – 54,34 (3)	GER	3:37,89
4. Christian Reich/Cedric Grand 54,73 (4) – 54,56 (4) – 54,32 (5) – 54,54 (7)	SUI	3:38,15
5. Sandis Prusis/Janis Elsins 54,91 (10) – 54,52 (3) – 54,29 (4) – 54,52 (6)	LAT	3:38,24
6. Reto Götschi/Guido Acklin 54,71 (3) – 54,77 (12) – 54,44 (7) – 54,35 (4)	SUI	3:38,27
7. James Herberich/Robert Olesen 54,91 (10) – 54,70 (9) – 54,46 (8) – 54,46 (5)	USA	3:38,53
8. Pavel Puskar/Jan Kobian 54,99 (12) – 54,60 (5) – 54,46 (8) – 54,54 (7)	CZE	3:38,59
9. Bruno Mingeon/Emmanuel Hostache 54,80 (6) – 54,65 (7) – 54,55 (10) – 54,62 (10)	FRA	3:38,62
10. Brian Shimer/Garreth Hines 54,88 (9) – 54,79 (13) – 54,42 (6) – 54,66 (11)	USA	3:38,75
11. Dirk Wiese/Marco Jakobs 54,83 (8) – 54,66 (8) – 54,63 (11) – 54,76 (13)	GER	3:38,88
NA Hubert Schösser/Georg Kuttner	AUT	

Seit 1948 hatten im Zweier nur Europäer gewonnen, seit 1956 blieben alle Medaillen auf dem alten Kontinent. Im großen Schlitten hatte 1964 der Kanadier Victor Emery den letzten Sieg und die letzte Medaille nach Übersee geholt.

Am Ziel ihrer goldenen Träume: Christoph Langen, Markus Zimmermann, Marco Jacobs und Olaf Hampel im Viererbob Deutschland 2.

Mit Hungerkur zum Vierer-Sieg

Christoph Langen aus Unterhaching hatte seine Seele dem Erfolg verschrieben, seinen Freund verstoßen und seine Liebe auf Eis gelegt, um sich den Traum eines Sportlerlebens zu erfüllen. Am vorletzten Tag der Winterspiele von Nagano ließ er sich vom angereisten Langen-Fanclub als Olympiasieger im Viererbob feiern.

Eine Woche nach Bronze im Zweierbob (wie 1992) stand der 35jährige ganz oben: »So eine Chance gibt es nur alle vier Jahre, ich mußte sie wahrnehmen.« Der Kopf siegte über die Gefühle: »Wenn man ein großes Ziel erreichen will, muß man manchmal unangenehme Dinge tun.«

So degradierte der Sportsoldat schon vor dem Flug nach Japan den Aschaffenburger Kai Kohlert, den Bruder seiner Freundin Madeleine, zum Ersatzmann und beförderte den Winterberger Marko Jacobs aus dem Wiese-Schlitten auf Position drei: »Viele sagen, ich würde über Leichen gehen, doch das sehe ich anders. Vielleicht hätten wir auch mit Kai gewonnen, aber mit Marko waren wir am Start einfach schneller.«

Am Steuer von Deutschland II hatte der Doppel-Weltmeister von 1996 durch die 1360 m lange Spirale zweimal Bestzeit vorgelegt und damit die Konkurrenz bereits distanziert.

Langen trat damit die Nachfolge von Harald Czudaj (Riesa) an, der diesmal nur Achter wurde: »Wir haben weder am Start noch an den Lenkseilen unsere Form gefunden.« Nur zum Abschluß zeigte der 35jährige Sachse mit der zweitbesten Zeit seine wahre Klasse. Deutschland stellte mit Langen zum zehnten Mal einen Bob-Olympiasieger, den fünften im Vierer.

Wegen des strömenden Regens war am Samstag der zweite Lauf ersatzlos gestrichen worden. Jury und Teamchefs entschieden einmütig, die Medaillen nur in drei Durchgängen zu ermitteln. Ähnliches hatte es bei Olympia zuletzt 1968 in Grenoble mit nur zwei Vierer-Läufen gegeben.

Weil der per Computerprogramm entwickelte und im Windkanal (von BMW) getestete neue Langen-Schlitten mit neuer Mannschaft das zulässige Gesamtgewicht von 630 Kilo nicht überschreiten durfte, war seit der Herausnahme von Kohlert (95 kg) Dauerfasten angesagt. Jakobs, mit 114 kg angereist: »Ich bin auf 105 Kilo herunter, ich kann das Wort Hungern nicht mehr hören. Aber das Ziel war es wert.« Auch die anderen drei nahmen jeder drei bis vier Kilo ab. Langen: »Am Ende hatte der Schlitten sogar Untergewicht.«

Christoph Langen
Geb. am 27. März 1962 in Köln.
Größe: 1,88 m,
Gewicht: 97 kg.
Größte Erfolge: Olympiasieger 1998 in Nagano im Viererbob und Dritter im Zweierbob, Olympia-Dritter 1992 in Albertville im Zweierbob, Weltmeister 1993, 1995 und 1996 im Zweierbob, Weltmeister 1991 (als Bremser) und 1996 im Viererbob, WM-Dritter 1992 im Zweierbob, Europameister 1994, 1995 und 1996 im Zweierbob, Europameister 1996 im Viererbob.

STATISTIK

Viererbob

20./21.02.1998, Bahnlänge 1360 m
* Der zweite Lauf wurde wegen schlechten Wetters ersatzlos gestrichen!

1. Deutschland 2 GER 2:39,41
(Christoph Langen / Markus Zimmermann / Marco Jakobs / Olaf Hampel)
52,70 (1) – 52,90 (1) – 53,81 (8)
2. Schweiz 1 SUI 2:40,01
(Marcel Rohner / Markus Nüssli / Markus Wasser / Beat Seitz)
53,13 (8) – 53,15 (2) – 53,73 (4)
3. Großbritannien 1 GBR 2:40,06
(Sean Olsson / Dean Ward / Courtney Rumbolt / Paul Attwood)
52,77 (2) – 53,58 (10) – 53,71 (3)
3. Frankreich 1 FRA 2:40,06
(Bruno Mingeon / Emmanuel Hostache / Eric Le Chanony / Max Robert)
53,13 (8) – 53,30 (3) – 53,63 (1)
5. USA 1 USA 2:40,08
(Brian Shimer / Nathan Minton / Randy Jones / Garreth Hines)
52,93 (4) – 53,42 (4) – 53,73 (4)
6. Lettland 1 SVL 2:40,26
(Sandis Prusis / Egils Bojars / Janis Osols / Janis Elsins)
52,98 (5) – 53,50 (7) – 53,78 (6)
7. Schweiz 2 SUI 2:40,28
(Christian Reich / Steve Anderhub / Thomas Handschin / Cédric Grand)
52,88 (3) – 53,47 (6) – 53,93 (13)
8. Deutschland 1 GER 2:40,32
(Harald Czudaj / Torsten Voss / Steffen Görmer / Alexander Szelig)
53,12 (7) – 53,50 (7) – 53,70 (2)
9. Kanada 1 CAN 2:40,39
(Pierre Lueders / Ricardo Greenidge / Jack Pyc / David MacEachern)
53,14 (10) – 53,44 (5) – 53,81 (8)
9. Österreich 1 AUT 2:40,39
(Hubert Schösser / Peter Leismuller / Erwin Arnold / Martin Schützenauer)
53,10 (6) – 53,50 (7) – 53,79 (7)
18. Österreich 2 AUT 2:42,14
(Kurt Einberger / Thomas Bachler / Georg Kuttner / Michael Müller)
53,92 (17) – 53,83 (17) – 54,39 (18)

Reihenfolge: Gesamtzeit, Einzelzeiten/jew. Plazierungen

Trotz Seelsorge Letzter

Der himmlische Beistand kam für die deutschen Curler wie gerufen, aber zu spät. Der evangelische Pfarrer Klaus-Peter Weinhold war gemeinsam mit seinem katholischen Kollegen Michael-Lothar Kühn ins über 70 km von Nagano entfernte Karuizawa gereist. Die Stimmung in beiden Teams war nach der letzten vergebenen Medaillenchance schon auf dem Nullpunkt, als schließlich die offiziellen Seelsorger des Nationalen Olympischen Komitees eintrafen.
Weder die Herren aus Füssen noch die Damen aus Riessersee kamen am Ende über den achten und letzten Platz hinaus. Besonders den Männern, immerhin Europameister und WM-Zweite, hatte man einiges zugetraut. Aber bei Teamkapitän Andy Kapp klappte es ebensowenig wie bei Damen-Skip Andrea Schöpp.

Unter keinem guten Stern standen die deutschen Teilnehmer bei der olympischen Curling-Premiere. Damen-Skip Andrea Schöpp (rechte Seite) versuchte vergeblich, den Stein zu beschwören. Die Schweizer Herren bekamen ihr Gold von einem Klubmitglied umgehängt: IOC-Präsident Samaranch curlt gern selbst in Lausanne.

Stein für Stein

Ich habe noch gar nicht recht realisiert, was da vor sich gegangen ist«, sagte Patrick Hürlimann, erster Curling-Olympiasieger der Geschichte, nach dem triumphalen 9:3-Sieg über den haushohen Favoriten Kanada. In der Vorrunde hatte der krasse Außenseiter noch 3:8 gegen die Nordamerikaner verloren.
Die Randsportart Curling beherrschte in der Schweiz am Finalsonntag mit der Liveübertragung die Bildschirme. Die Zeitungen kamen am Montag mit Curling auf den Titelseiten heraus. Diego Perren, Daniel Müller, Patrik Loertscher und Patrick Hürlimann waren plötzlich bekannte Namen und Gesichter. Das Team aus Lausanne hatte sich wieder einmal als Aushängeschild der rund 10000 eidgenössischen Curler bewährt. Hürlimann als Skip und Loertscher als Third (Nummer 3) waren bereits von zwei Weltmeisterschaften (1989 Silber und 1996 Bronze) mit Medaillen heimgekehrt.
Kanadas favorisierte Damen wurden dagegen allen Erwartungen gerecht. »Nach drei WM-Titeln ist das die vorläufige Krönung«, meinte Sandra »the Curler« Schmirler. Die 34jährige, erst vor kurzem Mutter geworden, überragte als Strategin.

STATISTIK

Curling, Damen
(09.–13.02.1998, Nagano)

Qualifikation
Team Stand

Team	Spiele	Siege	Niederlagen
CAN	7	6	1
SWE	7	6	1
DEN	7	5	2
GBR	7	4	3
JPN	7	2	5
NOR	7	2	5
USA	7	2	5
GER	7	1	6

Ergebnisse

Begegnung	Erg.	Sieger
1. SUI – GER	7:4	SUI
2. GBR – NOR	4:2	GBR
3. JPN – CAN	4:7	CAN
4. SWE – USA	6:2	SWE
5. SWE – JPN	5:6	JPN
6. USA – CAN	3:11	CAN
7. GBR – SUI	4:10	SUI
8. NOR – GER	7:5	NOR
9. GBR – CAN	3:10	CAN
10. SWE – GER	7:6	SWE
11. NOR – USA	6:7	USA
12. JPN – SUI	3:5	SUI
13. JPN – NOR	3:5	NOR
14. SUI – USA	7:2	SUI
15. CAN – GER	10:6	CAN
16. GBR – SWE	5:7	SWE
17. GER – USA	5:8	USA
18. JPN – GBR	5:9	GBR
19. SWE – NOR	4:7	NOR
20. SUI – CAN	3:8	CAN
21. NOR – SUI	5:4	NOR
22. CAN – SWE	6:3	CAN
23. GER – GBR	7:4	GER
24. USA – JPN	6:8	JPN
25. USA – GBR	6:3	USA
26. GER – JPN	5:7	JPN
27. SUI – SWE	8:2	SUI
28. CAN – NOR	8:10	NOR

Halbfinale

1. GBR – CAN	5:6	CAN
2. SWE – DEN	5:7	DEN

Spiel um Platz 3

GBR – SWE	6:10	GBR

Finale

CAN – DEN	7:5	CAN

Curling, Herren
(09.–13.02.1998, Nagano)

Qualifikation
Team Stand

Team	Spiele	Siege	Niederlagen
CAN	7	6	1
NOR	7	5	2
SUI	7	5	2
JPN	7	3	4
SWE	7	3	4
USA	7	3	4
GBR	7	2	5
GER	7	1	6

Ergebnisse

Begegnung	Erg.	Sieger
1. SWE – NOR	8:2	SWE
2. USA – CAN	6:7	CAN
3. DEN – GER	6:5	DEN
4. GBR – JPN	7:5	GBR
5. GBR – DEN	3:9	DEN
6. JPN – GER	9:2	JPN
7. USA – SWE	8:5	SWE
8. CAN – NOR	5:6	NOR
9. USA – GER	8:5	USA
10. GBR – NOR	6:4	GBR
11. CAN – JPN	7:4	CAN
12. DEN – SWE	4:5	SWE
13. DEN – CAN	5:9	CAN
14. SWE – JPN	12:6	SWE
15. GER – NOR	7:6	GER
16. USA – GBR	5:8	GBR
17. NOR – JPN	4:8	JPN
18. DEN – USA	8:5	DEN
19. GBR – CAN	3:8	CAN
20. SWE – GER	8:3	SWE
21. CAN – SWE	7:5	CAN
22. GER – GBR	5:6	GBR
23. NOR – USA	9:8	NOR
24. JPN – DEN	4:6	DEN
25. JPN – USA	2:10	USA
26. NOR – DEN	3:8	DEN
27. SWE – GBR	8:5	SWE
28. GER – CAN	5:8	CAN

Tie Break

1. SWE – USA	2:5	USA
2. JPN – USA	4:5	USA

Halbfinale

1. SUI – NOR	8:7	SUI
2. USA – CAN	1:7	CAN

Spiel um Platz 3

NOR – USA	9:4	NOR

Finale

SUI – CAN	9:3	SUI

Curling-Welten

Das Damen-Finale zwischen Kanada und Dänemark war ein Aufeinandertreffen zweier Welten. Während in Kanada Curling mit 1,5 Millionen Aktiven ein Volkssport ist, müssen sich die Däninnen mit einer einzigen Curling-Bahn im ganzen Land begnügen. Und dort haben sie sich die ohnehin knappe Trainingszeit noch mit Eishockeyspielern und Eiskunstläufern zu teilen. Dennoch gewann das Team aus Nordeuropa am Ende eines glänzenden Turniers die erste dänische Medaille bei Winterspielen überhaupt. »Darauf sind wir mächtig stolz«, sagte Skip Helena Blach Lavrsen nach der knappen 5:7-Niederlage.

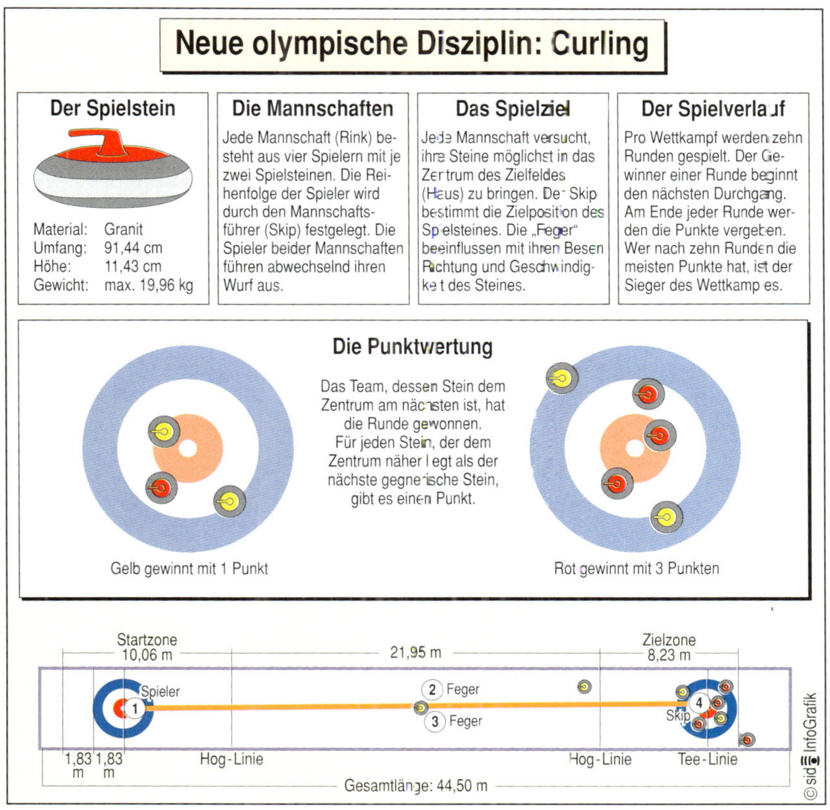

CANADA

Die größte Show aller Zeiten!

Das Finale Kanada – USA war längst als Fernsehereignis des Jahres gebucht, doch beiden blieb noch nicht einmal Bronze.
Der 24jährige Dominik Hasek, in Buffalo unter Vertrag, wuchs vom Klassetorwart zum »Dominator«, der das Imperium der Superstars zum Einsturz brachte, die mit »nur« zwölf NHL-Profis angetretenen Tschechen zum ersten Olympiasieg führte und – wie schön – dem Sport seine verlorengeglaubte Ungewißheit zurückgab.
Die deutsche Auswahl hatte sich nach der Vorrunde wieder verabschiedet – welch kleine Schmach im Vergleich zum Abgang von Gretzky und Co.
Die Premiere im Frauen-Eishockey präsentierte zwar das programmierte Endspiel, aber mit den USA auch einen »ewigen Zweiten« als Sieger.

BAUER

Olympia-Premiere der Puckjägerinnen mit Paukenschlag: Nach vier verlorenen WM-Finals schickten die USA-Girls erstmals Kanada mit Silber nach Hause.

Mister Penalty: Wundertorwart Dominik Hasek (CZE)

STATISTIK

Eishockey, Damen (08.–17.02.1998, Nagano)

Qualifikation

FIN – SWE	6:0	FIN
USA – CHN	5:0	USA
SWE – USA	1:7	USA
CAN – SWE	5:3	CAN
FIN – USA	2:4	USA
JPN – USA	0:10	USA
SWE – JPN	5:0	SWE
USA – CAN	7:4	USA
JPN – CAN	0:13	CAN
JPN – FIN	1:11	FIN
CHN – CAN	0:2	CAN
CHN – JPN	6:1	CHN
SWE – CHN	1:3	CHN
CAN – FIN	4:2	CAN
CHN – FIN	1:6	FIN

Tabelle Vorrunde

Team	Sp	+	0	–	P	Tore
USA	5	5	0	0	10	33: 7
CAN	5	4	0	1	8	28:12
FIN	5	3	0	2	6	27:10
CHN	5	2	0	3	4	10:15
SWE	5	1	0	4	2	10:21
JPN	5	0	0	5	0	2:45

Plazierungsspiel um Platz 3

FIN – CHN 4:1 FIN

Finale

CAN – USA 1:3 (0:0, 0:1, 1:2) USA
0:1 Ulion (22:38), 0:2 Looney (50:57), 1:2 Goyette (55:59), 1:3 Whyte (59:52).

Eishockey, Herren (07.–22.02.1998, Nagano)

Qualifikationsgruppe A

KAZ – ITA	5:3	KAZ
KAZ – AUT	5:5	–
SVK – KAZ	3:4	KAZ
SVK – AUT	2:2	–
ITA – SVK	3:4	SVK
AUT – ITA	2:5	ITA

Tabelle Gruppe A

Team	Sp	+	0	–	P	Tore
KAZ	3	2	1	0	5	14:11
SVK	3	1	1	1	3	9: 9
ITA	3	1	0	2	2	11:11
AUT	3	0	2	1	2	9:12

Qualifikationsgruppe B

JPN – GER	1:3	GER
BLR – GER	8:2	BLR
JPN – BLR	2:2	–
BLR – FRA	4:0	BLR
FRA – JPN	5:2	FRA
GER – FRA	2:0	GER

Tabelle Gruppe B

Team	Sp	+	0	–	P	Tore
BLR	3	2	1	0	5	14: 4
GER	3	2	0	1	4	7: 9
FRA	3	1	0	2	2	5: 8
JPN	3	0	1	0	1	5:10

Plazierungsspiele

JPN – AUT	4:3	JPN	(Platz 13)
FRA – ITA	5:1	FRA	(Platz 11)
GER – SVK	4:2	GER	(Platz 9)

Final-Gruppe C

CZE – FIN	3:0	CZE
FIN – RUS	3:4	RUS
KAZ – FIN	2:8	FIN
RUS – KAZ	9:2	RUS
KAZ – CZE	2:8	CZE
RUS – CZE	2:1	RUS

Tabelle Gruppe C

Team	Sp	+	0	–	P	Tore
RUS	3	3	0	0	6	15: 6
CZE	3	2	0	1	4	12: 4
FIN	3	1	0	0	2	11: 9
KAZ	3	0	0	3	0	6:25

Final-Gruppe D

SWE – USA	4:2	SWE
USA – BLR	5:2	USA
USA – CAN	1:4	CAN
BLR – CAN	0:5	CAN
CAN – SWE	3:2	CAN
BLR – SWE	2:5	SWE

Tabelle Gruppe D

Team	Sp	+	0	–	P	Tore
CAN	3	3	0	0	6	12: 3
SWE	3	2	0	1	4	11: 7
USA	3	1	0	2	2	8:10
BLR	3	0	0	3	0	4:15

Viertelfinale

USA – CZE 1:4 (1:0, 0:3, 0:1) CZE
1:0 Modano (16:12), 1:1 Ruzicka (28:21), 1:2 Jagr (29:19), 1:3 Rucinsky (36:35), 1:4 Dopita (59:21)

KAZ – CAN	1:4	CAN
BLR – RUS	1:4	RUS
FIN – SWE	2:1	FIN

Halbfinale

CZE – CAN 1:1 (0:0, 0:0, 1:1, 0:0) n. V. CZE
Penaltyschießen 1:0
1:0 Slegr (49:46), 1:1 Linden (58:57)
Penaltyschießen: Hasek wehrt gegen Fleury ab, Reichel 1:0, Hasek wehrt gegen Bourque ab, Rucinsky scheitert an Roy, Nieuwendyk schießt vorbei, Roy wehrt gegen Patera ab, Lindros schießt vorbei, Jagr schießt an den Pfosten, Hasek wehrt gegen Shanahan ab.

FIN – RUS 4:7 (0:2, 3:2, 1:3) RUS
0:1 Bure (9:51), 0:2 Bure (17:28), 0:3 Bure (20:59), 1:3 Helminen (23:28), 2:3 Rintanen (24:59), 3:3 Selänne (34:07), 3:4 Schamnow (37:26), 4:4 Koivu (45:15), 4:5 Kowalenko (46:33), 4:6 Bure (55:58), 4:7 Bure (59:55).

Plazierungsspiel um Platz 3

FIN – CAN 3:2 (2:1, 0:1, 1:0) FIN
1:0 Kurri (3:33), 1:1 Brind'Amour (16:50), 2:1 Lehtinen (17:23), 2:2 Shanahan (22:47), 3:2 Peltonen (40:17).

Finale

CZE – RUS 1:0 (0:0, 0:0, 1:0) CZE
1:0 Svoboda (48:08)

Ein Meer von Tränen

Innerhalb von Sekunden verwandelte sich das Eis von Big Hat in ein Meer von Tränen. Während sich die US-Girls nach dem gewonnenen Finale blitzschnell von Schläger und Helmen trennten, in Stars and Stripes schmückten und die eigens vorbereiteten Kappen mit der Aufschrift »USA Women – Olympic Champion 1998« aufsetzten, waren die Ladies des viermaligen Weltmeisters Kanada am Boden zerstört.

Ausgerechnet bei der olympischen Premiere der Eishockey-Frauen hatten die USA mit dem Gewinn der Goldmedaille die seit 1990 andauernde Dominanz des viermaligen WM-Champions Kanada gebrochen. Vor 10400 Zuschauern in der ausverkauften Eishalle Big Hat feierte der »ewige Zweite« mit dem 3:1-Sieg über den Erzrivalen den größten Erfolg in seiner Geschichte, nachdem die Amerikanerinnen zuvor alle WM-Endspiele verloren hatten.

Als es in der Vorrunde nur um die Ehre gegangen war (7:4 für die USA), hatten sich die Spielerinnnen beider Teams fast die Augen ausgekratzt. Doch das Finale wurde zu einer echten Werbung: Fair und spannend bis acht Sekunden vor Schluß.

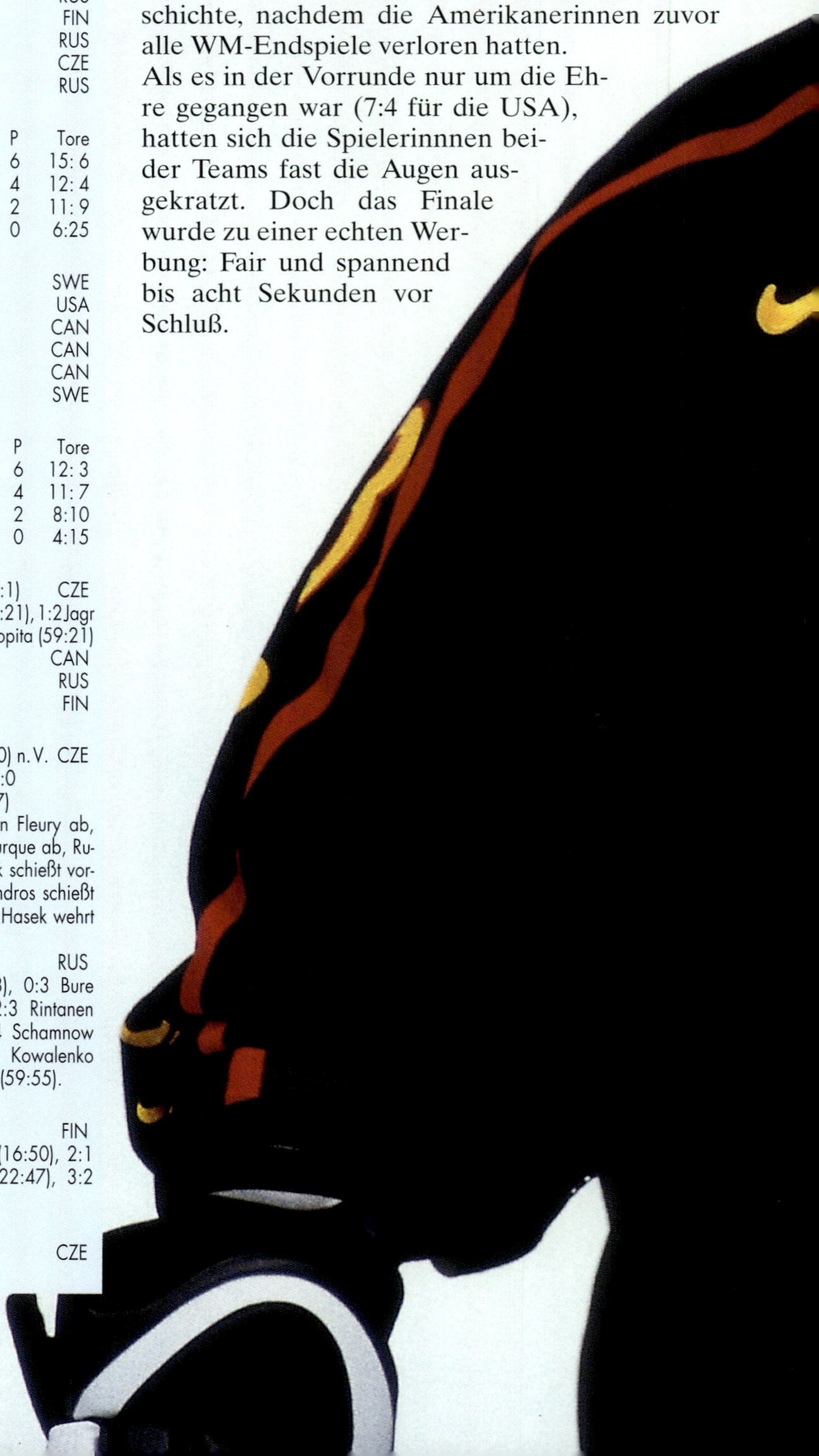

»Die Goldmedaille war mein Traum«

Kanadas Superstar Wayne Gretzky saß noch Minuten nach der Schlußsirene allein und geistesabwesend auf der Bank. Über das Gesicht des 37 Jahre alten Multimillionärs kullerten Tränen der Enttäuschung. Für den besten Eishockey-Spieler aller Zeiten war wenige Minuten zuvor eine Welt zusammengebrochen.

»Das ist verheerend, einfach nur grausam. Du hast das Spiel eigentlich nicht verloren und stehst doch mit leeren Händen da«, meinte »The Great One« nach dem Penalty-Drama im Halbfinale gegen Tschechien, das nach den USA das zweite »Dream Team« in Folge aus der Goldspur geworfen hatte. Als Wundertorwart Dominik »Dominator« Hasek gegen den ehemals für Düsseldorf spielenden Brendan Shanahan den fünften Penalty der Kanadier abgewehrt hatte, gab es beim Außenseiter, dem Reichels »goldener Schuß« gleich im ersten Versuch am Ende reichte, kein Halten mehr.

»Ich habe schon soviel erlebt, aber diese Niederlage tut richtig weh. Die Goldmedaille war mein Traum, er ist heute zerplatzt«, sagte Wayne Gretzky, der legendäre Megastar mit der berühmten Nummer 99.

Derweil versammelten sich nach der Schlußsirene Tausende von tschechischen Fans auf dem Wenzelsplatz in Prag, um den Triumph gegen die Superstars gebührend zu feiern. »Ich wäre jetzt gerne in Prag, das ist ein großer Tag für das tschechische Eishockey«, sagte Jaromir Jagr, zweimal Stanley-Cup-Sieger mit Pittsburgh. Er mußte sich noch etwas gedulden. Zwei Tage später ließen sich die Tschechen auch ihren ersten Olympiasieg beim 1:0 über Rußland nicht mehr nehmen und zogen mit Gold in die Goldene Stadt ein.

Zwei Tage zurück waren erst Jagr und dann Hasek die Helden des 4:1 über die USA gewesen, als die erste Bastion des NHL-Imperiums fiel. Am Ende ließ Finnland dem Eishockey-Mutterland Kanada noch nicht einmal den Bronzeplatz.

Schlechtes Omen: Auf den Trikots des deutschen Eishockeyteams blickt der Bundesadler in die falsche Richtung – weg von den Medaillen, hin zum schnellen Abgang der Mannen um Captain Didi Hegen.

Traumtänzer

Ein Lob den Preisrichtern! Zweimal zeigten sie Mut und weigerten sich zurecht, die Favoriten mit Gold zu dekorieren. So mußte sich Kanadas »King« Stojko dem Russen Ilja Kulik ebenso beugen wie Amerikas Liebling Michelle Kwan einem kleinen Wirbelwind aus dem eigenen Lager. Mit 15 Jahren und acht Monaten wurde Tara Lipinski die jüngste Olympiasiegerin aller Zeiten, zwei Monate jünger als Sonja Henie 1928. Rußlands Traumtänzerin Pascha Gritschuk, 1994 noch Oksana genannt, träumt nach dem zweiten Gold nun von Hollywood.

Eine traurige Tanja Szewczenko mußte wegen Krankheit vorzeitig abreisen, die Weltmeister Mandy Wötzel und Ingo Steuer nahmen zumindest Bronze mit.

Eiskunstlauf

Ach, Anjelika – so sehr die Krylowa und Oleg Owsjannikow auch sich und das Publikum verzauberten, hinter Pascha Gritschuk und Ewgeni Platow blieb ihnen wieder nur Silber im russischen Dauerreigen um Gold.

Commedia dell 'Arte

Show ist nicht alles, aber ohne sie geht es nicht. Gesten, die das Eis zum Schmelzen bringen könnten, gehören zur Kunst des Eislaufens wie das Sahnehäubchen zur Torte. Ob bei Anjelika Krylowa (Silber) oder Kati Winkler/Rene Lohse aus Berlin (Mitte), erst recht bei Gritschuk/Platow (unten links). Auch Mandy Wötzel/Ingo Steuer (rechts) wollten ihren letzten Olympia-Auftritt nicht ohne Zugabe beenden – zu Silber reichte es trotzdem nicht ganz.

Alles »great«

Olympia im allgemeinen und ihre Goldmedaille im besonderen – für die nur 1,53 m kleine Tara Lipinski war in Nagano alles »great«.
»Ich fühle mich perfekt«, piepste die jüngste Eiskunstlauf-Olympiasiegerin aller Zeiten grinsend in einen Wald von Mikrophonen, nachdem sie die Prognosen der Experten über den Haufen geworfen und das US-Duell gegen Michelle Kwan gewonnen hatte: »Olympische Spiele sind unglaublich aufregend, ich hatte wahnsinnig viel Spaß.«

Wie ein Eishockeyspieler, der gerade ein entscheidendes Tor geschossen hat, hatte sie nach ihrer Kür die Arme hochgerissen und war über das Eis gerannt, während zuvor die 17 Jahre alte Kwan gehemmt wirkte: »Ich konnte mich nicht richtig öffnen.«
Die Rolle der Verfolgerin war Lipinski (35 kg), Zweite nach dem Kurzprogramm, auf den leichten Leib geschneidert. »Da konnte ich richtig angreifen, so mag ich es am liebsten.«
»Es ist nicht die Farbe, die ich wollte«, sagte Kwan. 15mal hatten die Juroren bei den US-Meisterschaften in Philadelphia 6,0 Punkte für die Tochter chinesischer Einwanderer gezogen, in Nagano reichten neunmal 5,9 Punkte in der B-Note für die Präsentation nicht zur Goldmedaille. Doch die 3:6-Niederlage war schnell abgehakt: »Ich denke schon jetzt daran, was ich 2002 in Salt Lake City besser machen kann.«
Die fünfmalige Europameisterin Surya Bonaly kündigte ihren Rücktritt an. Die Französin verabschiedete sich spektakulär mit dem im Wettkampf verbotenen Rückwärtssalto, wurde dafür mit Punktabzug bestraft und auf Rang zehn zurückgestuft.
Tanja Szewczenko weinte so herzzerreißend um Olympia, daß selbst ihrem hartgesottenen Trainer Peter Jonas das Wasser in die Augen schoß. Noch am Morgen nach der Absage mußte der Österreicher immer wieder schlucken: »Es war eine der

STATISTIK

Eiskunstlauf, Damen
18./20.02.1998

1. Tara Lipinski	USA	2,0
2. Michelle Kwan	USA	2,5
3. Lu Chen	CHN	5,0
4. Marja Butyrskaja	RUS	5,5
5. Irina Slutskaja	RUS	7,5
6. Vanessa Gusmeroli	FRA	10,0
7. Elena Sokolowa	RUS	12,0
8. Tatjana Malinina	UZB	12,5
9. Elena Ljaschenko	UKR	13,5
10. Surya Bonaly	FRA	14,0
14. Julia Lautowa	AUT	23,5
NA Tanja Szewczenko	GER	

schwersten Entscheidungen meiner Laufbahn.«
Der Verzicht auf den vielleicht wichtigsten Wettkampf ihrer Karriere fiel der Olympia-Sechsten und WM-Dritten von 1994 schwer. Zu lange hatte sie dafür gekämpft, wegen einer seltenen Viruserkrankung 1995 bald zwei Jahre »auf Eis« gelegen. Mit vorzüglichen Leistungen war Tanja Szewczenko nach ihrem Comeback wieder in die erweiterte Weltspitze gelaufen.
Was als vermeintlich harmloser Fieberanfall begann, hatte sich zu einer schweren Grippe ausgeweitet, die der Mannschaftsarzt nicht mehr rechtzeitig in den Griff bekam. Ein letzter Trainingsversuch endete nach 20 Minuten für die EM-Dritte aus Düsseldorf.
»Tanja war wie Gummi, es hatte einfach keinen Zweck. Drei Tage vor dem Wettkampf weiß ein Trainer, ob es geht oder nicht«, sagte Jonas. Der Kampf um die Medaillen fand ohne die Mitfavoritin statt.

Pascha

Genial oder wahnsinnig, exzentrisch oder einfach durchgeknallt – an Pascha Gritschuk scheiden sich die Geister. In der Operetten-Liga Eiskunstlauf ist die 26 Jahre alte Russin seit Jahren unangefochtene Spitzenreiterin unter den Exzentrikern.
Vor vier Jahren in Lillehammer hieß Pascha noch Oksana, doch seit einigen Monaten steht ein neuer Vorname in ihrem Paß. »Ich war es leid, in den USA immer mit Oksana Bajul verwechselt zu werden«, begründete die viermalige Weltmeisterin im Herbst den ungewöhnlichen Namenswechsel. Pascha, weil ihre Urgroßmutter so hieß und der Name so ähnlich wie »Passion« (Leidenschaft) klingt …
Derlei abstruse Begründungen haben ihr Image als unberechenbare Zicke im Lager der Eiskunstläuferinnen weiter gefestigt. »Die ist nicht ganz normal«, befand die ehemalige deutsche Meisterin Marina Kielmann, in Nagano als TV-Kommentatorin dabei. Die zweimalige Europameisterin Irina Slutskaja (Rußland) schüttelte nur den Kopf: »So ein Quatsch, da könnte ich mich ja Irscha nennen.«
Pascha wollte nach Olympia ins Filmgeschäft einsteigen, und in Hollywood klingt Pascha angeblich um Klassen besser als Oksana.
Obwohl das Kruzifix um den Hals nie fehlen darf und sie sich vor jedem Start bekreuzigt, ist Pascha Gritschuk wie ihre Vorbilder Marilyn Monroe und »Evita« Madonna alles andere als eine Heilige. Zahlreiche Affären werden ihr nachgesagt. Aber sportlich ist Pascha top: Zusammen mit Partner Ewgeni Platow schrieb sie mit dem zweiten Eistanz-Gold olympische Geschichte. Das »Memorial Requiem« von Michael Nyman wurde damit nicht zum Begräbnis erster Klasse, sondern zum goldenen Vermächtnis eines der besten Eistanzpaare aller Zeiten, das vier Jahre ohne Niederlage geblieben war.

STATISTIK

Eistanzen
13./15./16.02.1998

1.	Oksana »Pascha« Gritschuk/ Ewgeni Platow	RUS	2,0
2.	Anjelika Krylowa/ Oleg Owsjannikow	RUS	4,0
3.	Marina Anissina/ Gwendal Peizerat	FRA	7,0
4.	Shae-Lynn Bourne/ Victor Kraatz	CAN	7,2
5.	Irina Lobatschewa/ Ilja Awerbuch	RUS	9,8
6.	Barbara Fusar-Poli/ Maurizio Margaglio	ITA	12,0
7.	Elizabeth Punsalan/ Jerod Swallow	USA	14,0
8.	Margarita Drobiazko/ Povilas Vanagas	LTU	16,2
9.	Irina Romanowa/ Igor Jaroschenko	UKR	18,4
10.	Kati Winkler/ Rene Lohse	GER	19,8

Girls just wanna have fun: »Wahnsinnig viel Spaß« hatte die jüngste Eiskunstlauf-Olympiasiegerin aller Zeiten – die 15 Jahre und acht Monate alte Tara Lipinski (großes Bild). »Köpfchen« bewiesen die Goldmedaillengewinner im Eistanz, Pascha Gritschuk und Ewgeni Platow (unten).

Alles schien perfekt bis zu diesem Fehler. »Ich bin schon falsch in die Kurve hineingelaufen. Als die Rücklage kam, konnte ich nur noch die Bande anpeilen, um mit möglichst wenig Wucht hineinzuknallen«: Franziska Schenk zu ihrem Kurzauftritt im 1000-m-Sprint.

Kamikazen

Vier Jahre nach Lillehammer gehören die »Jahrhundertrekorde« des Norwegers Johann Olav Koss schon der Vergangenheit an – unterboten von der Klappschlittschuh-Technik und Hollands neuem Helden Gianni Romme. »Oranje boven« auch bei den Damen dank Marianne Timmers Doppelsieg. Vier Jahre nach ihrem Sturz aus allen Höhen führte Gunda Niemann-Stirnemann das deutsche Trio beim totalen Triumph über 3000 m an, lief über 5000 m Weltrekord – und sah sich doch von Claudia Pechstein geschlagen, in sieben Minuten Dramatik pur. So spektakulär wie Franziska Schenk fiel man sonst nur beim Short Track, wo außer Kanada keiner mit den Kamikazes Asiens mitkam.

GOOD LUCK in NAGANO
野崎千春
KITCHENER
MOOSE LODGE
LOVES
BOGNER

Drei deutsche Frauen, drei Generationen, nach den 3000 m auf dem Medaillenpodest in der »M-Wave«-Arena. Küßchen von Gold-Gunda (31) für alle, Silber für Claudia (25), Bronze für Nesthäkchen Anni (21).

Model am Boden

Franziska Schenk war im wahrsten Sinne des Wortes am Boden zerstört, lächelte aber wenige Stunden nach ihrem schweren Sturz schon wieder tapfer in die Fernsehkameras. »Das war mein erster Sturz in einem wichtigen Rennen. Ich bin sehr traurig, ich kann es überhaupt noch nicht fassen«, sagte die sichtbar angeschlagene ehemalige Eisschnellauf-Weltmeisterin. Nur vier Stunden zuvor war das Glamourgirl aus Erfurt bei der verwegenen Jagd nach olympischem Gold mit mehr als 50 km/h an die Bande geknallt und aus allen Träumen gerissen worden. Telefonisch gab sie ihren Eltern sofort Entwarnung: »Sie wissen, daß es mir soweit gut geht. Ich lebe ja noch.«

Schürfwunden, Prellungen, Gehirnerschütterung und Brummschädel waren die Folgen für die 23jährige in ihrem letzten olympischen Rennen.

Nach Platz vier über 500 m schien Franziska Schenk diesmal Richtung Treppchen zu stürmen. Mit 17,9 Sekunden hatte sie die schnellste 200-m-Anfangszeit vorgelegt, doch dann lief ihre Gegnerin im Alleingang ihrem zweiten Gold über 1000 m entgegen.

Von einer falschen Olympia-Vorbereitung wollte das Hobby-Model nichts wissen. Im November hatte die Sprint-Weltmeisterin von 1997 die Dreharbeiten für den Werbespot mit einem Eisbären in ihr üppiges Programm aufgenommen und daneben auch noch mehrere Fernsehauftritte absolviert.

Mit Gefühl

Obwohl sie Weltmeisterin über 1000 m war, hatte sie kaum einer auf der Rechnung; am Ende wurde Marianne Timmer mit zweimal Gold erfolgreichste Eisschnelläuferin von Nagano. Die 23jährige aus Sappemeer war das weibliche Pendant zu Gianni Romme.

»Auf einmal war das Gefühl für das Eis wieder da. Dabei habe ich mir zuvor noch Gedanken gemacht, ob ich überhaupt eine Medaille gewinnen kann«, gestand die mit dem kanadischen 500-m-Dritten Kevin Overland befreundete Holländerin.

Über 1500 m schockierte sie die Gegnerinnen mit einem Weltrekord, der auch noch ganz oben auf der Anzeigetafel leuchtete, als Gunda Niemann die Ziellinie passiert hatte. Ohne die kurzfristig abgemeldete Cindy Overland – Kevins Schwester – war die Deutsche allein gegen die Stoppuhr zu Silber gelaufen. Nur Platz vier blieb Österreichs Fahnenträgerin Emese Hunyady, Siegerin des Jahres 1994.

Höhen und Tiefen: Während Franziska Schenk nach ihrem Sturz ihre Wunden pflegte, freuten sich Marianne Timmer (großes Bild) und Catriona LeMay-Doan (ganz rechts mit Susan Auch) über olympisches Gold.

STATISTIK

Eisschnellauf, 500 m, Damen

13./14.02.1998

WR 37,55 Catriona LeMay-Doan (CAN)
28.12.1997 Calgary
OR 39,10 Bonnie Blair (USA)
22.02.1988 Calgary

1.	Catriona LeMay-Doan 38,39 (1) / 38,21 **(1)	CAN	1:16,60
2.	Susan Auch 38,42 (2) / 38,51 (2)	CAN	1:16,93
3.	Tomomi Okazaki 38,55 (3) / 38,55 (3)	JPN	1:17,10
4.	Franziska Schenk 38,88 (5) / 38,57 (4)	GER	1:17,45
5.	Kyoko Shimazaki 38,75 (4) / 38,93 (5)	JPN	1:17,68
6.	Marianne Timmer 39,12 (9) / 39,03 (7)	NED	1:18,15
7.	Sabine Völker 39,19 (10) / 39,00 (6)	GER	1:18,19
8.	Monique Garbrecht 39,11 (7) / 39,34 (10)	GER	1:18,45
9.	Swetlana Tchurowa 39,11 (7) / 39,38 (11)	RUS	1:18,49
10.	Christine Witty 39,09 (6) / 39,44 (12)	USA	1:18,53
15.	Anke Baier-Loef 39,73 (16) / 39,75 (16)	GER	1:19,48
DQ	Emese Hunyady	AUT	

Reihenfolge: Gesamtzeit, 1. Lauf/Plazierung, 2. Lauf/Plazierung
** Olympischer Rekord

Eisschnellauf, 1000 m, Damen

19.02.1998

WR 1:15,43 Christine Witty (USA)
23.11.1997 Calgary
OR 1:17,65 Christa Rothenburger (GER)
26.02.1988 Calgary

1.	Marianne Timmer	NED	19	**1:16,51
2.	Christine Witty	USA	20	1:16,79
3.	Catriona LeMay-Doan	CAN	17	1:17,37
4.	Sabine Völker	GER	13	1:17,54
5.	Annamarie Thomas	NED	15	1:17,95
6.	Becky Sundstrom	USA	15	1:18,23
7.	Tomomi Okazaki	JPN	14	1:18,27
8.	Eriko Sammiya	JPN	13	1:18,36
9.	Moira D'andrea	USA	13	1:18,38
10.	Monique Garbrecht	GER	17	1:18,76
16.	Anke Baier-Loef	GER	13	1:19,42
A–	Franziska Schenk	GER	19	

Reihenfolge: Startpaar, Zeit
** Olympischer Rekord

Eisschnellauf, 1500 m, Damen

16.02.1998

WR 1:57,87 Catriona LeMay-Doan (CAN)
29.11.1997 Calgary
OR 2:00,68 Yvonne van Gennip (NED)
27.02.1988 Calgary

1.	Marianne Timmer	NED	12	*1:57,58
2.	Gunda Niemann-Stirnemann	GER	18	1:58,66
3.	Christine Witty	USA	15	1:58,97
4.	Emese Hunyady	AUT	16	1:59,19
5.	Anni Friesinger	GER	14	1:59,20
6.	Annamarie Thomas	NED	15	1:59,29
7.	Claudia Pechstein	GER	17	1:59,46
8.	Jennifer Rodriguez	USA	17	2:00,97
9.	Swetlana Baschanowa	RUS	11	2:01,54
10.	Natalja Poloskowa	RUS	12	2:01,56
30.	Emese Dörfler-Antal	AUT	1	2:07,57

Reihenfolge: Startpaar, Zeit
*Weltrekord

Marathon-Man: Gianni Romme kürte sich mit zwei Weltrekorden über 5000 und 10000 Meter zum Eisschnellauf-König von Nagano.

Giannis Irrtum

Mit einem Donnerschlag hatte Gianni Romme seine Konkurrenten bereits zum Auftakt der olympischen Wettbewerbe geschockt. Der Bademeister aus der Provinz Brabant schraubte den Weltrekord über 5000 m auf sagenhafte 6:22,20 Minuten herunter. Der amtierende Weltmeister Rintje Ritsma war mit mehr als sechs Sekunden Rückstand chancenlos.

Romme schwärmte selbst von seinem Lauf: »Das war das Tollste, was ich mir in meinem Leben vorstellen kann. Es war so leicht, es gibt nichts Schöneres.« Da irrte er sich.

Zum Abschluß krönte sich der Holländer über 10000 m bei einem Weltrekord-Festival endgültig zum Eisschnellauf-König von Nagano. Wieder lief er eine Fabelzeit, um 15,22 Sekunden war er schneller als der Norweger Johann Olav Koss bei seinem Olympiasieg 1994 in Hamar. »Das zweite Mal ganz oben zu stehen war noch schöner«, sagte Romme gerührt. »Das war das härteste Rennen meiner Karriere. Ich bin zwar kein Supermann, doch ich kann noch schneller laufen. Das Eis war aber nicht so gut wie bei den 5000 Metern.«

Es war bereits das vierte holländische Eisschnellauf-Gold in Nagano. Der frühere Junioren-Weltmeister Bob de Jong und Ritsma sorgten am 17. Februar 1998, fünf Tage nach Rommes 25. Geburtstag, außerdem für den ersten Dreifacherfolg niederländischer Skater bei Olympia überhaupt.

Der für Belgien startende Bart Veldkamp, 1992 noch für die »Oranjes« Olympiasieger über die längste Distanz, unterbot als Vierter ebenfalls den bisherigen Weltrekord von Koss, dem er einst selbst eine Lebensdauer von 30 Jahren vorhergesagt hatte. Doch damals dachte noch niemand an die Klappschlittschuh-Technik. Idol Koss verlor damit die letzte seiner drei Bestmarken, die ihm 1994 zu Gold über 1500, 5000 und 10000 m verholfen hatten.

Der Chemnitzer Frank Dittrich wiederholte nach Platz fünf über 5000 m seinen sechsten Rang über 10000 m und verbesserte den deutschen Rekord um über zwölf Sekunden. Doch das Ziel, in die Nähe der Koss-Marke zu laufen, erwies sich als etwas zu hoch gesteckt. »Meine Zeit ist trotzdem spitze. Die Holländer sind eben schneller«, sagte der 30jährige, dem nach seinem letzten olympischen Auftritt sichtlich wehmütig ums Herz wurde.

Als tragischer Held dieser Spiele dürfte trotz einmal Silber sowie zweimal Bronze Rintje Ritsma in die Eisschnellaufgeschichte eingehen. Der 27 Jahre alte »Bär von Lemmer« hat international fast alles gewonnen. Nur der ersehnte Olympiasieg bleibt dem friesischen Hünen wahrscheinlich auf ewig versagt.

STATISTIK

Eisschnellauf, 5000 m, Herren

08.02.1998

WR 6:30,63 Gianni Romme (NED) 07.12.1997 Heerenveen
OR 6:34:96 Johann Olav Koss (NOR) 13.02.1994 Hamar

1.	Gianni Romme	NED	16	*6:22,20
2.	Rintje Ritsma	NED	13	6:28,24
3.	Bart Veldkamp	BEL	12	6:28,31
4.	Bob de Jong	NED	15	6:31,37
5.	Frank Dittrich	GER	15	6:32,17
6.	Rene Taubenrauch	GER	14	6:35,21
7.	Keiji Shirahata	JPN	13	6:36,71
8.	Kjell Storelid	NOR	16	6:37,12
9.	Roberto Sighel	ITA	11	6:38,33
10.	Marnix Ten Kortenaar	AUT	5	6:38,35
13.	Alexander Baumgärtel	GER	12	6:39,44
21.	Martin Feigenwinter	SUI	7	6:47,08

Reihenfolge: Startpaar, Zeit
*Weltrekord

Eisschnellauf, 10000 m, Herren

17.02.1998

WR 13:30,55 Johann Olav Koss (NOR) 20.02.1994 Hamar
OR 13:30,55 Johann Olav Koss (NOR) 20.02.1994 Hamar

1.	Gianni Romme	NED	7	*13:15,33
2.	Bob de Jong	NED	7	13:25,76
3.	Rintje Ritsma	NED	8	13:28,19
4.	Bart Veldkamp	BEL	8	13:29,69
5.	Kjell Storelid	NOR	6	13:35,95
6.	Frank Dittrich	GER	6	13:36,58
7.	Lasse Saetre	NOR	3	13:42,94
8.	KC Boutiette	USA	1	13:44,03
9.	Roberto Sighel	ITA	4	13:46,85
10.	Alexander Baumgärtel	GER	2	13:48,44
11.	Rene Taubenrauch	GER	5	13:52,10
12.	Marnix Ten Kortenaar	AUT	3	13:52,30

Reihenfolge: Startpaar, Zeit
*Weltrekord

Zum Kassenknüller avancierten in Japan die sämtlich ausverkauften Short-Track-Wettbewerbe. Vor allem in den Staffeln ging es hoch her.

Im Ufo

Zum zweiten Mal nach 1994 sausten sie um das 111 Meter enge Oval wie im Karussell, im ständigen Gratwandel zwischen Geschwindigkeit und Fliehkraft. Jeder Wettbewerb war mit 8000 Zuschauern im White Ring, das von außen wie ein Ufo aussah, ausverkauft. Kein anderer Ort hätte für Short Track eine bessere Kulisse abgegeben.

Wer sich nicht mehr halten konnte, nahm in der Regel gleich einen Konkurrenten mit in die Bande. Bodychecks, Stürze und Disqualifikationen waren an der Tagesordnung, am spektakulärsten die Staffelwechsel, bei denen manchmal der Partner nicht nach vorn geschleudert wurde, sondern ins Verderben.

Doch so viele auch fielen und ausfielen, einer kam immer vor China an, dessen geradezu rührende Jagd auf den ersten Olympiasieg bei Winterspielen mit sechs Medaillen in sechs Disziplinen belohnt wurde – mit fünfmal Silber und einer Bronzemedaille.

STATISTIK

Kurzbahn, 500 m, Damen

19.02.1998

WR 44,77 Isabelle Charest (CAN) 13.12.1997 Montreal
OR 45,98 Cathy Turner (CAN) 24.02.94 Hamar

1.	Annie Perreault	CAN	46,568
2.	Yang S. Yang	CHN	46,627
3.	Lee-Kyung Chun	KOR	
DQ	Isabelle Charest	CAN	
A–	Chunlu Wang	CHN	
20.	Yvonne Kunze	GER	
31.	Susanne Busch	GER	

Kurzbahn, 1000 m, Damen

21.02.1998

WR 1:32,34 Lee-Kyung Chun (KOR) 18.10.1996 Lake Placid
OR 1:36,87 Lee-Kyung Chun (KOR) 26.02.1994 Hamar

1.	Lee-Kyung Chun	KOR	1:42,776
2.	Yang S. Yang	CHN	1:43,343
3.	Hye-Kyung Won	KOR	1:43,361
DQ	Yang A. Yang	CHN	
20.	Susanne Busch	GER	
24.	Yvonne Kunze	GER	

Kurzbahn, 3000-m-Staffel, Damen

17.02.1998

WR 4:17,63 Südkorea (KOR) 08.12.1996 Peking
OR 4:26,64 Südkorea (KOR) 22.02.1994 Hamar

1.	Südkorea	KOR	*4:16,260
2.	China	CHN	4:16,383
3.	Kanada	CAN	4:21,205
4.	Japan	JPN	4:30,612
8.	Deutschland	GER	

*Weltrekord

Kurzbahn, 500 m, Herren

21.02.1998

WR 42,68 Mirko Vuillermin (ITA) 29.03.1996 Lake Placid
OR 43,45 Ji-Hoon Che (KOR) 26.02.1994 Hamar

1.	Takafumi Nishitani	JPN	42,862
2.	Yulong An	CHN	43,022
3.	Hitoshi Uematsu	JPN	43,713
4.	Marc Gagnon	CAN	1:15,605
23.	Arian Nachbar	GER	

Olympischer Rekord:
Ji-Hoon Chae im B-Finale KOR 42,832

Kurzbahn, 1000 m, Herren

17.02.1998

WR 1:27,96 Marc Gagnon (CAN) 04.04.1997 Montreal
OR 1:29,58 Jun-Hoo Lee (KOR) 22.02.1994 Hamar

1.	Dong-Sung Kim	KOR	1:32,375
2.	Jiajun Li	CHN	1:32,428
3.	Eric Bedard	CAN	1:32,661
4.	Andrew Gabel	USA	1:33,518
19.	Arian Nachbar	GER	

Kurzbahn, 5000-m-Staffel, Herren

21.02.1998

WR 6:59,49 Südkorea (KOR) 11.10.1997 Lake Placid
OR 7:11,74 Italien (ITA) 26.02.1994 Hamar

1.	Kanada	CAN	7:06,075
2.	Südkorea	KOR	7:06,776
3.	China	CHN	7:11,559
4.	Italien	ITA	7:15,212

Olympischer Rekord:
Japan im B-Finale JPN 7:01,660

Der König der Lüfte. Kazuyoshi Funaki, Gewinner der Vierschanzentournee 1998, nach Auftakt-Silber beim Flug zum ersten Gold auf der Großschanze. Danach zeigte sogar der »Eisblock« erstmals Emotionen.

FISCHER
DESCENTE
FISCHER

Die glorreichen Vier: Okabe, Saito, Harada, Funaki (von links). Zehntausende waren zur Medaillenvergabe am Abend ins Zentrum von Nagano gepilgert, um den größten Festtag der Spiele mit ihren Helden zu feiern.

Lauf, Uschi, lauf! Doch im Ziel des Sprints fehlten der 1,63 m kleinen »Turbo-Disl« sieben Zehntelsekunden zum Gold. Das leitete sie als Startläuferin in der Staffel ein, Petra Behle brachte es bei ihren letzten Spielen ins Ziel. Das Gold-Quartett, von links: Petra Behle, Martina Zellner, Katrin Apel, Uschi Disl.

Frank Luck, der 30jährige Senior, verteidigte als Schlußläufer Platz eins, sicherte der deutschen Staffel zum dritten Mal in Serie Gold und rettete die Ehre der Skijäger, die ohne Einzelmedaille geblieben waren.

adidas

Knapp, knapper, Disl

Sechs Tage nach dem Millimeter-Krimi am Schießstand im 15-km-Rennen platzte Uschi Disls Traum vom Einzel-Gold erneut. Bei der knappsten Biathlon-Entscheidung der Olympiageschichte fehlten ihr 0,7 Sekunden oder 3,50 Meter zum Olympiasieg im 7,5-km-Sprint.

Im Ziel war die Mooshamerin völlig entkräftet in den Schnee gestürzt. Uschi Disl hatte alles gegeben. Zum Schluß sah sie nur noch »Sterndl« und konnte »keinen einzigen Meter weiter«. Die 27jährige hatte über 15 km beim letzten Schuß um die Win-

STATISTIK

Biathlon, 7,5-km-Sprint, Damen

15.02.1998

1. Galina Kuklewa	RUS	33	23:08,0/1
2. Uschi Disl	GER	35	23:08,7/1
3. Katrin Apel	GER	02	23:32,4/1
4. Sona Mihokova	SVK	41	23:42,3/1
5. Shumei Yu	CHN	28	23:44,0/0
6. Anna Stera	POL	31	23:53,1/2
7. Martina Schwarzbacherova	SVK	22	23:54,5/1
8. Mari Lampinen	FIN	29	23:55,2/0
9. Anna Murinova	SVK	54	23:56,7/0
10. Nathalie Santer	ITA	39	23:59,6/1
16. Petra Behle	GER	10	24:09,9/2
30. Martina Zellner	GER	51	25:09,8/2

Reihenfolge: Startnummer, Zeit/Fehlschüsse

Biathlon, 15 km, Damen

09.02.1998

1. Jekaterina Dafowska	BUL	18	54:52,0/1
2. Elena Petrowa	UKR	35	55:09,8/1
3. Uschi Disl	GER	26	55:17,9/1
4. Pawlina Filipowa	BUL	30	55:18,1/1
5. Andreja Grasic	SLO	41	56:01,0/4
6. Ryoko Takahashi	JPN	51	56:17,4/3
7. Albina Achatowa	RUS	32	56:21,7/1
8. Annette Sikveland	NOR	7	56:38,7/3
9. Shumei Yu	CHN	21	56:41,3/2
10. Martina Zellner	GER	52	56:46,3/4
27. Petra Behle	GER	44	59:29,7/1
39. Katja Beer	GER	2	1:01:26,4/4

Reihenfolge: Startnummer, Zeit/Fehlschüsse

zigkeit von vier Millimetern an der Goldmedaille vorbeigeschossen, danach aber mit zwei Zehntelsekunden Vorsprung noch Bronze gerettet.

»Millimeter-Uschi« wurde in Nagano mit insgesamt nun sechs Medaillen (1 Gold, 3 Silber, 2 Bronze) erfolgreichste Skijägerin seit deren Olympia-Debüt vor sechs Jahren.

Wieder einmal war sie, und das gleich zweimal, ganz knapp am ersten großen Einzelsieg ihrer Karriere vorbeigeschrammt – bereits dreimal wurde sie auch bei einer WM »nur« Zweite. Dennoch war sie zu Freudentränen gerührt: »Ich habe in meiner Laufbahn vielleicht erst zwei oder drei Rennen ohne Fehlschuß beendet. Für mich waren die Läufe mit jeweils einem Fehler also wirklich optimal.«

Katrin Apel aus Oberhof hatte bei ihrem ersten Olympiastart sensationell Bronze gewonnen und gleich ein großes Problem: »Ich weiß ja gar nicht, wo die Siegerehrung ist. Wie komme ich denn da hin?«

Nur knapp hatte die Sportsoldatin die Olympianorm geschafft, überhaupt nur einmal zuvor auf einem Siegerpodest gestanden – als Dritte beim Weltcup in Pokljuka vor zwei Jahren. Noch Stunden später schien sie völlig fassungslos.

Vor vier Jahren, so erzählte die 24jährige, hatte sie Disls Lillehammer-Auftritte noch im Fernsehsessel verfolgt. »Völlig frustriert«, weil sie als Langläuferin in der Mühle der Qualifikation steckengeblieben war.

»Noch vier Jahre, habe ich mir da gesagt, quälst du dich nicht umsonst. Entweder, du machst einen anderen Sport, oder du hörst auf.« Biathlon-Coach Harald Böse hatte ein Einsehen und nahm sie auf. Im Ziel von Nozawa Onsen warf sie sich ihrem »Entdecker« in die Arme.

Uschi Disl: Am Anfang über 15 km beim letzten Schuß Gold verpaßt, mit letztem Einsatz Bronze gerettet (oben links); am Ende Olympias Skijägerin Nummer 1.

Goldener Abschied

Stockverlust, Aufholjagd, erstes Staffel-Gold: Als Schlußläuferin Petra Behle bei ihrem persönlichen Triumphzug mit der deutschen Fahne in der Hand die Ziellinie überquerte, brachen bei den deutschen Biathletinnen alle Dämme.
Lachend und weinend gleichzeitig fielen sich Uschi Disl, Martina Zellner und Katrin Apel in die Arme und feierten ausgelassen den ersten deutschen Olympiasieg einer Frauenstaffel nach zweimal Silber in Albertville und Lillehammer.
Die Heldin des Tages lag im Schnee und heulte hemmungslos vor Freude über ihren »goldenen« Abschied von der olympischen Bühne. »Ich habe mich einfach nur wahnsinnig gefreut«, erklärte die Willingerin Petra Behle, die in beiden Einzelrennen unter Wert geschlagen worden war.
»Ich habe auch den vielen Leuten zu danken, die mich von daheim angerufen haben«, sagte sie. Dann genoß sie ihren Augenblick auf dem Siegerpodest: »Ich hätte hier ewig stehenbleiben können«, schilderte die 29jährige den bewegenden Moment.
»Wir waren eine wunderbare Staffel, haben alle füreinander gekämpft und am Ende glücklich gewonnen«, jubelte Startläuferin Uschi Disl, der kurz nach dem Start beim ersten Anstieg jenes Malheur passierte, das ihren Kolleginnen beinahe das Blut in den Adern gefrieren ließ. Eine Konkurrentin hatte ihr auf den Stock getreten. Uschi mußte einige Meter zurück. »So was kann im Gerangel beim Start passieren«, zeigte sie sich versöhnlich. Nach Bronze und Silber in den Einzelrennen setzte sie ihren Aufstieg zum Gold mit der Staffel konsequent fort.
Als 13. mußte sie das Rennen wieder aufnehmen, da legte sie

Petra Behle: Zehnmal Weltmeisterin seit 1988, bei Olympia ohne Einzelmedaille. Von Debütantin Katrin Apel auf den Weg geschickt, ließ sie der Staffel und sich nach zweimal Silber das erste Gold nicht mehr nehmen.

mindestens einen Gang zu. Und obwohl sie schwach schoß und fünfmal nachladen mußte, holte sie Platz um Platz auf und schickte Martina Zellner als Dritte ins Rennen. »Vor allen anderen Favoriten. Das war wichtig«, sagte Disl.
Dann schlug die Stunde der beiden Youngster. Martina Zellner (23) und Katrin Apel (24) zeigten keine Nerven, brachten in ihrem ersten olympischen Staffelrennen das deutsche Quartett

vor allem mit starken Leistungen beim Schießen überraschend an die Spitze.
»Mir war vielleicht komisch im Bauch«, berichtete Petra Behle, der allerdings Rußlands Sprint-Weltmeisterin Olga Romasko dicht auf den Fersen war. »Dann lief es doch ganz gut. Aber viel weiter hätte es nicht mehr gehen dürfen.«
Wenige Meter vor dem Ziel hatte sich die am Ende entkräftete Willingerin von Frank Luck die deutsche Fahne reichen lassen, während das restliche Trio angesichts der näher kommenden Olga Romasko fast in Panik ausbrach: »Um Gottes willen, habe ich da gedacht, gleich läuft die Russin noch vorbei«, erzählte Uschi Disl. Am Ende waren es doch noch 11,6 Sekunden Vorsprung.
Dann war Feiern angesagt. »Heute werden wir richtig einen draufmachen. Wir haben Zeit

STATISTIK

Biathlon, 4x7,5 km, Damen

19.02.1998

1.	GER – Deutschland	1:40:13,6 (0)
	Uschi Disl 25:20,3/0 (3)	
	Martina Zellner 24:46,1/0 (4)	
	Katrin Apel 24:39,2/0 (1)	
	Petra Behle 25:28,0/0 (7)	
2.	RUS – Rußland	1:40:25,2 (0)
	Olga Melnik 25:32,1/0 (6)	
	Galina Kuklewa 24:27,4/0 (2)	
	Albina Achatowa 24:59,8/0 (2)	
	Olga Romasko 25:25,9/0 (6)	
3.	NOR – Norwegen	1:40:37,3 (2)
	Ann-Elen Skjelbreid 25:47,2/1 (9)	
	Annette Sikveland 24:55,0/1 (5)	
	Gunn Andreassen 25:20,8/0 (3)	
	Liv Skjelbreid 24:34,3/0 (1)	
4.	SVK – Slowakei	1:41:20,6 (2)
	Martina Schwarzbacherova 24:44,5/0 (1)	
	Anna Murinova 24:57,1/0 (7)	
	Tatiana Kutlikova 26:31,5/2 (9)	
	Sona Mihokova 25:07,5/0 (4)	
5.	UKR – Ukraine	1:42:32,6 (0)
	Walentina Tserbe-Nessina 26:36,5/0 (13)	
	Elena Petrowa 25:20,9/0 (11)	
	Tatjana Wodopjanowa 25:43,9/0 (4)	
	Elena Subrilowa 24:51,3/0 (3)	
6.	CZE – Tschechien	1:43:20,5 (0)
	Katerina Losmanova 25:32,4/0 (7)	
	Irena Cesnekova 26:16,6/0 (15)	
	Jirina Pelcova 26:49,7/0 (11)	
	Eva Hakova 24:41,8/0 (2)	
7.	CHN – China	1:43:32,6 (1)
8.	FRA – Frankreich	1:43:54,6 (0)
9.	SLO – Slowenien	1:44:18,8 (3)
10.	SWE – Schweden	1:44:50,8 (0)

Reihenfolge: Gesamtzeit/Strafrunden, Einzelzeit/Strafrunden/Plazierung

STATISTIK

Biathlon, 10 km, Herren

18.02.1998

1.	Ole Einar Björndalen	NOR	37	27:16,2/0
2.	Frode Andresen	NOR	61	28:17,8/2
3.	Ville Raikkonen	FIN	73	28:21,7/1
4.	Viktor Maigurow	RUS	72	28:36,0/0
5.	Jekabs Nakums	LAT	64	28:36,9/1
6.	Olegs Maluhins	LAT	10	28:37,4/1
7.	Frank Luck	GER	71	28:40,3/1
8.	Halvard Hanevold	NOR	19	28:40,8/2
9.	Paavo Puurunen	FIN	53	28:44,0/0
10.	Pieralberto Carrara	ITA	67	28:44,2/2
11.	Ludwig Gredler	AUT	38	28:44,3/2
17.	Ricco Groß	GER	52	29:13,9/1
29.	Sven Fischer	GER	11	29:47,1/2
34.	Carsten Heymann	GER	1	30:09,6/2
38.	Wolfgang Perner	AUT	62	30:13,5/4
39.	Wolfgang Rottmann	AUT	12	30:16,0/2
62.	Reinhard Neuner	AUT	3	31:45,3/4
A–	Jean-Marc Chabloz	SUI	50	

Reihenfolge: Startnummer, Zeit/Fehlschüsse

Biathlon, 20 km, Herren

11.02.1998

1.	Halvard Hanevold	NOR	69	56:16,4/1
2.	Pieralberto Carrara	ITA	3	56:21,9/0
3.	Aleksej Aidarow	BLR	70	56:46,5/1
4.	Ivan Masarik	CZE	68	57:30,7/1
5.	Ilmars Bricis	LAT	45	58:15,1/3
6.	Ricco Groß	GER	28	58:15,4/1
7.	Ole Einar Björndalen	NOR	32	58:16,8/4
8.	Peter Sendel	GER	57	58:30,3/1
9.	Oleg Ryschenkow	BLR	8	58:31,3/2
10.	Dag Björndalen	NOR	14	58:34,7/1
12.	Ludwig Gredler	AUT	40	58:56,5/3
16.	Sven Fischer	GER	52	59:26,1/3
24.	Wolfgang Perner	AUT	66	1:00:14,1/4
26.	Wolfgang Rottmann	AUT	12	1:00:23,5/2
32.	Jan Wüstenfeld	GER	5	1:01:07,9/4
51.	Jean-Marc Chabloz	SUI	54	1:03:41,0/4
62.	Günther Dengg	AUT	2	1:05:33,9/5

Reihenfolge: Startnummer, Zeit/Fehlschüsse

Ohrfeigen

Ratlos, fassungslos, erfolglos: So war die Stimmung im Lager der deutschen Biathlon-Männer nach dem 10-km-Sprint. Während die Frauen nach jedem Rennen auf dem Siegerpodest standen, blieben sie erstmals seit 22 Jahren ohne Einzelmedaille.

»Das ist ein verheerendes Ergebnis«, meinte Frank Luck und zuckte mit den Schultern. Der Oberhofer war beim norwegischen Doppelsieg durch Ole Einar Björndalen und Frode Andresen als Siebter noch bester deutscher Skijäger gewesen. Eine Woche zuvor über 20 km war Weltmeister Ricco Groß aus Ruhpolding auf Platz sechs gelandet. Als »eine Ohrfeige«, bezeichnete Biathlon-Urgestein, Olympiasieger und TV-Kommentator Fritz Fischer den Auftakt.

Schon da hatte Norwegen zugeschlagen: Das erste 20-km-Gold seit 1972 holte Halvard Hanevold, der dem Italiener Pieralberto Carrara mit einem furiosen Schlußspurt den fast schon sicheren Sieg noch entriß.

Start-Ziel-Sieg

Allein am Schießstand: Sven Fischer, 1994 Schlußläufer, diesmal an 3. Position. Zweimal mußte er nachladen, lief trotzdem von Platz zwei nach vorn und schickte Schwager Frank Luck als ersten auf die letzte Runde.

Als die Sektkorken wie Feuerwerksraketen in den trüben Himmel von Nozawa Onsen knallten, waren zwei Wochen Demütigung für die deutschen Skijäger vorbei und der olympische Staffel-Hattrick in Gold perfekt. »Heute haben wir allen gezeigt, wo im Biathlon der Hammer hängt«, jubelte Bundestrainer Norbert Baier.

»Jetzt gibt es doch noch eine richtige Party. Da wird die Post abgehen«, kündigte er nach seinem letzten Olympia-Einsatz als Chefcoach an.

Sein designierter Nachfolger, Co-Trainer Frank Ullrich, erhielt in einem zerknitterten Umschlag als ersten Lohn für die »überragende Mannschaftsleistung« (IOC-Mitglied Dr. Thomas Bach) die ersehnten zehn Karten für das Eishockey-Finale zugeschoben.

»Bei uns hat die Bude gebebt, vermutlich mit 9,8 auf der Richterskala. Aber dann kam der Geistesblitz«, erklärte Ricco Groß. Die offenbar für japanische Wetterverhältnisse ungeeigneten Ski wurden nach Absprache mit den Langläufern von japanischen Fachleuten umgeschliffen.

»Das sieht doch jeder. Die Dinger gehen«, bejubelte Baier den Ski-Coup. »Ich könnte heulen, daß wir nicht früher draufgekommen sind.«

»Er hat meine Ski genommen. Da hatte er das beste Gefühl. Wir sind eine Mannschaft, und wenn ich schon nicht laufen konnte, so waren wenigstens meine Ski dabei«, meinte der Altenberger Ersatzmann Carsten Heymann, der seinem Teamkollegen Sven Fischer ausgeholfen hatte.

Eine ganz andere Erklärung für den überlegenen Sieg hatte Peter Sendel: »Mit mir hat in den letzten zwei Jahren keine deutsche Staffel verloren. Ich bin wahrscheinlich das Maskottchen«, meinte der Olympiasieger, der bei seinem Lauf durch zwei absolut fehlerfreie Schießleistungen geglänzt hatte.

Als Oldie Frank Luck (»Abwarten: Noch bin ich nicht zurückgetreten«) mit über einer Minute Vorsprung auf die Strecke ging, schien das Rennen bereits gelaufen. Doch ausgerechnet der passionierte Jäger traf insgesamt drei Scheiben erst beim zweiten Versuch und verlor zudem Zeit durch einen Sturz.

»Ich bin zwar schon genügend Staffeln gelaufen. Aber irgendwie war das heute ein komisches Gefühl. Vielleicht belastet es einen mehr, wenn man sieht, daß vorher die anderen drei alles richtig gemacht haben«, versuchte der 30jährige seine zwischenzeitliche Verunsicherung zu erklären. »Aber ich war immer informiert und hätte noch zulegen können.«

Linke Seite: Peter Sendel im Ziel nach 20 km, erschöpft und im Wechselbad der Gefühle. »Nur Rang acht«, doch der brachte ihm einen Platz in der Staffel ein. In Wahrheit also ein goldener Augenblick für den 25jährigen bei seinen zweiten Spielen – 1994 war er als Ersatzmann nicht zum Einsatz gekommen.

STATISTIK

Biathlon, 4 x 7,5 km Staffel, Herren

21.02.1998

1. GER – Deutschland 1:21:36,2 (0)
   Ricco Groß 20:09,3/0 (1)
   Peter Sendel 19:56,6/0 (2)
   Sven Fischer 20:18,0/0 (1)
   Frank Luck 21:12,3/0 (7)
2. NOR – Norwegen 1:21:56,3 (0)
   Egil Gjelland 20:33,8/0 (6)
   Halvard Hanevold 20:08,7/0 (6)
   Dag Björndalen 21:25,0/0 (5)
   Ole Einar Björndalen 19:48,8/0 (1)
3. RUS – Rußland 1:22:19,3 (0)
   Pawel Muslimow 20:35,9/0 (8)
   Wladimir Dratschew 19:56,6/0 (2)
   Sergej Tarassow 21:01,4/0 (3)
   Viktor Maigurow 20:45,4/0 (3)
4. BLR – Weißrußland 1:23:14,0 (0)
   Aleksej Aidarow 20:23,6/0 (3)
   Oleg Ryschenkow 20:18,5/0 (7)
   Aleksander Popow 21:08,3/0 (4)
   Wadim Saschurin 21:23,6/0 (9)
5. POL – Polen 1:24:09,8 (0)
   Wieslaw Ziemianin 20:29,7/0 (4)
   Tomasz Sikora 20:54,5/0 (9)
   Jan Ziemianin 21:34,3/0 (6)
   Wojciech Kozub 21:11,3/0 (6)
6. LAT – Lettland 1:24:24,4 (2)
   Olegs Maluhins 20:18,2/0 (2)
   Ilmars Bricis 19:46,7/0 (1)
   Gundars Upenieks 22:48,1/1 (16)
   Jekabs Nakums 21:31,4/1 (10)
7. FRA – Frankreich 1:24:53,0 (2)
8. FIN – Finnland 1:25:01,4 (2)
9. ITA – Italien 1:25:07,3 (1)
10. SWE – Schweden 1:25:25,7 (0)
11. AUT – Österreich 1:25:33,8 (2)
   Wolfgang Perner 20:32,6/0 (5)
   Ludwig Gredler 21:04,8/1 (11)
   Reinhard Neuner 22:39,1/1 (15)
   Wolfgang Rottmann 21:17,3/0 (8)

Reihenfolge: Gesamtzeit/Strafrunden, Einzelzeit/Strafrunden/Plazierung

Zwei russische Langlaufmütter: Die erste Siegerin von Nagano, Olga Danilowa (27, links), nach ihrem überraschenden 15-km-Sieg vor Larissa Lasutina (32), die mit dreimal Gold sowie je einmal Silber und Bronze zur erfolgreichsten Athletin der Winterspiele werden sollte. Unten rechts beim zweiten Erfolg im Jagdrennen – vor Danilowa.

STATISTIK

Langlauf, 5 km klassisch, Damen

10.02.1998

1. Larissa Lasutina	RUS	62	17:37,9
2. Katerina Neumannova	CZE	72	17:42,7
3. Bente Martinsen	NOR	58	17:49,4
4. Nina Gawryljouk	RUS	76	17:50,3
5. Olga Danilowa	RUS	63	17:51,3
6. Marit Mikkelsplass	NOR	61	17:53,5
7. Anita Moen-Guidon	NOR	75	18:04,4
8. Trude Dybendahl-Hartz	NOR	78	18:08,0
9. Gabriella Paruzzi	ITA	59	18:14,7
10. Brigitte Albrecht	SUI	56	18:16,5
14. Sylvia Honegger	SUI	71	18:29,6
15. Maria Theurl	AUT	69	18:36,8
26. Kati Wilhelm	GER	17	18:56,9
30. Constanze Blum	GER	42	19:02,4
37. Anke Schulze	GER	9	19:14,7
38. Sigrid Wille	GER	41	19:15,6
42. Renate Roider	AUT	70	19:18,3
45. Andrea Huber	SUI	40	19:27,6
62. Andrea B. Senteler	SUI	14	20:07,5

Reihenfolge: Startnummer, Zeit

Langlauf, 10 km Jagdrennen (Freistil), Damen

12.02.1998

1. Larissa Lasutina	RUS	1	46:06,9
2. Olga Danilowa	RUS	5	46:13,4
3. Katerina Neumannova	CZE	2	46:14,2
4. Irina Taranenko Terelja	UKR	11	46:17,1
5. Stefania Belmondo	ITA	12	46:19,6
6. Julia Tschepalowa	RUS	13	46:28,4
7. Nina Gawryljouk	RUS	4	46:49,3
8. Anita Moen-Guidon	NOR	7	47:04,6
9. Bente Martinsen	NOR	3	47:11,1
10. Brigitte Albrecht	SUI	10	47:11,8
13. Maria Theurl	AUT	15	47:35,8
22. Sylvia Honegger	SUI	14	48:21,3
26. Constanze Blum	GER	30	49:05,5
31. Anke Schulze	GER	37	49:30,4
32. Kati Wilhelm	GER	26	49:31,0
54. Sigrid Wille	GER	38	51:52,1
NA Renate Roider	AUT	42	
NA Andrea Huber	SUI	45	
NA Andrea B. Senteler	SUI	62	

Reihenfolge: Startnummer, Gesamtzeit aus 5 km klassisch + 10 km Freistil

Langlauf, 15 km klassisch, Damen

08.02.1998

1. Olga Danilowa	RUS	29	46:55,4
2. Larissa Lasutina	RUS	20	47:01,0
3. Anita Moen-Guidon	NOR	31	47:52,6
4. Irina Taranenko Terelja	UKR	23	48:10,2
5. Marit Mikkelsplass	NOR	33	48:12,5
6. Trude Dybendahl-Hartz	NOR	16	48:19,0
6. Bente Martinsen	NOR	21	48:19,0
8. Stefania Belmondo	ITA	26	48:57,7
9. Katerina Neumannova	CZE	19	49:01,9
10. Jaroslava Bukvajova	SVK	50	49:02,0
21. Constanze Blum	GER	49	50:30,3
22. Sylvia Honegger	SUI	30	50:31,9
26. Renate Roider	AUT	24	51:07,0
28. Sigrid Wille	GER	1	51:19,3
36. Manuela Henkel	GER	66	51:53,4
38. Anke Schulze	GER	40	51:54,0
NA Maria Theurl	AUT		
NA Natascia Leonardi	SUI		

Reihenfolge: Startnummer, Zeit

Langlauf, 30 km Freistil, Damen

20.02.1998

1. Julia Tschepalowa	RUS	28	1:22:01,5
2. Stefania Belmondo	ITA	34	1:22:11,7
3. Larissa Lasutina	RUS	38	1:23:15,7
4. Elin Nilsen	NOR	40	1:24:24,5
5. Jelena Välbe	RUS	26	1:24:52,8
6. Maria Theurl	AUT	35	1:24:54,3
7. Brigitte Albrecht	SUI	31	1:25:15,0
8. Irina Taranenko Terelja	UKR	25	1:25:22,3
9. Marit Mikkelsplass	NOR	37	1:25:36,9
10. Gabriella Paruzzi	ITA	32	1:26:06,0
16. Kati Wilhelm	GER	8	1:28:27,7
24. Natascia Leonardi	SUI	17	1:30:31,8
26. Anke Schulze	GER	9	1:30:54,6
31. Constanze Blum	GER	59	1:31:52,9
A– Manuela Henkel	GER	62	

Langlauf, 4x5 km, Damen

16.02.1998

1. RUS – Rußland	55:13,5
Nina Gawryljouk 14:13,8 (1)	
Olga Danilowa 13:53,2 (3)	
Jelena Välbe 13:39,8 (1)	
Larissa Lasutina 13:26,7 (2)	
2. NOR – Norwegen	55:38,0
Bente Martinsen 14:14,3 (2)	
Marit Mikkelsplass 13:51,7 (1)	
Elin Nilsen 14:03,6 (4)	
Anita Moen-Guidon 13:28,4 (3)	
3. ITA – Italien	56:53,3
Karin Moroder 15:16,7 (14)	
Gabriella Paruzzi 14:35,7 (7)	
Manuela Di Centa 14:00,8 (3)	
Stefania Belmondo 13:00,1 (1)	
4. SUI – Schweiz	56:55,2
Sylvia Honegger 14:41,2 (9)	
Andrea Huber 14:43,6 (9)	
Brigitte Albrecht 13:39,8 (1)	
Natascia Leonardi 13:50,6 (6)	
5. GER – Deutschland	56:55,4
Kati Wilhelm 14:40,7 (8)	
Manuela Henkel 14:17,9 (5)	
Constanze Blum 14:06,5 (6)	
Anke Schulze 13:50,3 (5)	
6. CZE – Tschechien	56:58,7
Jana Saldova 14:58,3 (12)	
Katerina Neumannova 14:04,2 (4)	
Katerina Hanusova 14:10,2 (7)	
Zuzana Kocumova 13:46,0 (4)	
7. FIN – Finnland	57:34,3
8. SWE – Schweden	57:53,7
9. UKR – Ukraine	57:54,8
10. JPN – Japan	58:22,8

Reihenfolge: Gesamtzeit, Einzelzeit/Plazierung (zweimal klassisch, zweimal Freistil)

Frau Leutnant

Zum Auftakt hatte sich Larissa Lasutina überraschend mit Silber hinter ihrer Teamgefährtin Olga Danilowa begnügen müssen. Dann aber gewann sie den Sprint und das Jagdrennen.
»Eine Sommerdatscha in Karelien habe ich schon. Also werde ich mir ein Appartement kaufen«, freute sie sich über den anstehenden Prämiensegen des Verbandes. Nach dem Staffelgewinn kam die Nachricht, daß ihr Militärklub sie »wegen außerordentlicher Erfolge im Sport« vom Unteroffizier zum Leutnant befördert hatte.

Goldhamster

Der goldene Triumphzug der russischen Langläuferinnen endete mit dem fünften Olympiasieg durch die erst 21 Jahre alte Julia Tschepalowa über 30 km Freistil.
Mit dem hübschen Mädel aus dem sibirischen Komsomolsk hat die nächste, noch frechere Generation das Zepter übernommen. »Mir gehört die Zukunft«, sagte der »Grünschnabel«.
Mit drei Gold-, einer Silber- und einer Bronzemedaille stieg Larissa Lasutina zur Loipen-Königin von Hakuba auf.
In Moskau mußten wohl die Tresore geplündert werden, weil Medaillenprämien von etwa einer Million Mark versprochen worden waren.

Die kleine Teufelin

Stefania Belmondo, »die Teuflische« der Loipen, machte ihrem Namen wieder einmal alle Ehre. Mit einer unglaublichen Energieleistung holte das hübsche Leichtgewicht (1,57 m, 46 kg) noch die Läuferinnen aus Deutschland und der Schweiz ein, die 50 Sekunden vor ihr ins Rennen gegangen waren, und sicherte Italien die Bronzemedaille in der Staffel.
Die Geschlagenen brauchten sich keine Vorwürfe zu machen. Stefania flog förmlich über den Schnee und nahm selbst der Russin Larissa Lasutina auf diesen nur 5 km über 26 Sekunden ab. Die hatte ihren dritten Olympiasieg von Hakuba ausgerechnet Jelena Välbe zu verdanken.
Nach ihrer Ausmusterung auf zwei Einzelstrecken lief die 14malige Weltmeisterin mit Wut im Bauch an Position 3 Norwegen davon und weit nach vorn. Für die 29jährige, die in Nagano mit leichten gesundheitlichen Problemen zu kämpfen hatte, war es bereits das dritte Staffel-Gold in Folge. Das russische Damen-Team hatte damit auch den vierten Wettbewerb für sich entschieden.

Austrias Spätlese

Österreichs Langläufer stahlen in den Loipen um Hakuba an zwei Tagen sogar den eigenen Alpinen die Schau, machten Schlagzeilen und eroberten sich den Respekt der versammelten nordischen Skiwelt. Den Auftakt machte Markus Gandler.

Zwölf Winter nach Silber bei der Junioren-WM 1986 lief der 31jährige Kitzbüheler bei seinen dritten Spielen nach 1988 und 1992 erneut zu Silber, aber diesmal bei Olympia: Im Klassiker über 10 km verkürzte er auf dem Schlußdrittel den Rückstand zu Björn Dählie von 17 auf acht Sekunden, ließ Olympiasieger wie den Finnen Myllylä, den Kasachen Smirnow, den Norweger Alsgaard hinter sich. Ein Athlet im Herbst seiner Karriere, etwas für Kenner, wie Eiswein oder Spätlese vom Feinsten.

Wo blieb Behle? Als erster war er auf die zweite Staffelschleife geschickt worden – und wurde bis Rang zehn durchgereicht. Bei der Eröffnungsfeier hatte der 37jährige die deutsche Fahne noch hochgehalten, es sollte sein stärkster Auftritt bei seinen sechsten Winterspielen gewesen sein.

Straßen-Duell

Am Start war Björn Dählie noch der schnellste Skilangläufer der Welt, im Ziel nicht einmal mehr der Beste aus seiner Straße. Der Olympiasieger hieß nach einem Sprint am Ziel des 15-km-Jagdrennens diesmal Thomas Alsgaard. Beide wohnen standesgemäß in der »Catinka Guldbergs vei« – »Guldberg« heißt Goldberg – im kleinen norwegischen Dorf Nannestad.

E. T. Myllylä

Während Jochen Behle ganz irdisch im Schneechaos von Hakuba steckenblieb, trotzte »E.T.« Mika Myllylä 30 Kilometer lang allen Naturgewalten und flog förmlich zum historischen Triumph.
Der Mann für die strapaziösen Rennen machte mit dem ersten finnischen Einzel-Langlaufgold bei Olympia seit 34 Jahren eine ganze Nation glücklich. Myllylä hatte schon 1997 als »Regenweltmeister« über 50 km für Schlagzeilen gesorgt.
Norwegens Erling Jevne holte weit hinter dem 28jährigen Silber: »Der ist doch von einem anderen Stern.« Und wo war Behle? Deutschlands Fahnenträger gab nach Kilometer 17 frustriert auf: »Du bist ja nur durch den Nebel gefahren.«

Der Winterkönig

Am Anfang mußte dem größten Wintersportler aller Zeiten ein kleiner Junge beim Aufstieg auf den Olymp helfen. »Mein Sohn Sivert hat mir am Telefon gesagt: ›Papa, Skilaufen ist doch immer, wenn du gewinnst.‹ Sein Optimismus hat mir sehr geholfen.«

Am Morgen danach krönte sich Björn Dählie mit dem Sieg über 10 km zum »Winterkönig« aller Olympischen Spiele. Später kamen noch Silber im Jagdrennen sowie Gold mit der Staffel und über 50 km dazu. Die Abschlußbilanz: Acht Gold, vier Silber…

Als er hinter der Ziellinie von Hakuba erschöpft zusammenbrach, hatte er sich und alle Zweifler besiegt. »Als ich im ersten Rennen so weit hinterhergelaufen bin, dachte ich schon, alles geht schief«, erzählte der 30 Jahre alte Rotschopf aus Nannestad vom 30-km-»Katastrophenauftakt«, den er mit völlig verwachstem Ski und über sechs Minuten Rückstand beendet hatte.

Zur Bewältigung der ungewohnten Krise griff er schließlich zum Telefonhörer. Nach Sivert (4) sparte auch seine Lebensgefährtin Vilde nicht mit guten Ratschlägen: »Lauf halt schneller als die anderen.« Immerhin brachte der norwegische Volksheld zu Hause selbst König Harald um die Nachtruhe, wenn in Nagano der Start erfolgte. Irgendwann später »als Großvater«, da könne er »beim Anschauen alter Videos« vielleicht begreifen, daß er Historisches geleistet habe.

Mit über zwei Millionen Mark Jahreseinnahmen gilt er als reichster Sportler Norwegens. Sein Buch »Goldjagd« avancierte mit 130 000 verkauften Exemplaren (bei vier Millionen Norwegern) zum Bestseller, gemeinsam mit seinem Olympiasieger-Freund Vegard Ulvang, aus dessen Schatten er längst hinauslief, hat er eine eigene TV-Show. Dählie war immer ein Perfektionist, der sich sogar einen Wohnwagen mit regulierbarem Luftdruck zum Höhenhaus umbaute, um »auf 4000 m« schlummern zu können. Seine einmalige Karriere will er nach der WM 1999 in Ramsau beenden. Sie hatte längst nicht nur Höhepunkte. Die schwerste Stunde kam 1994 in Lillehammer, als er die Königsstaffel gegen den Italiener Fauner verlor. Sie haben ihn trotzdem gefeiert.

Am Ende der Kraft

Am Schlußtag der Spiele skateten drei Marathonmänner um die Medaillen, von denen jeder das Gold verdient hätte. Einer von ihnen war Christian Hoffmann, den nun niemand auf der Rechnung hatte. Die Fachleute trauten ihren Augen kaum, wenn sie auf die Zwischenzeiten blickten, die der Computer ausspuckte.

Der 24jährige Oberösterreicher lieferte sich mit Startnummer 4 ein 50-km-Dauerduell mit »König« Björn Dählie (3), das er bis zu Kilometer 40 zu gewinnen schien. Erst dann war der Himmelsstürmer mit der Kraft am Ende, doch seine Bronzemedaille gehört fraglos zu den größten Sensationen von Nagano.

Der Schwede Niklas Jonsson (Startnummer 2) schaltete zu spät den Turbo ein, flog förmlich an Dählie wieder vorbei, machte auf den letzten 3000 Metern noch 20 Sekunden gut, doch der Winter-König rettete sich mit letzter Energie, fast schon besinnungslos, ins Ziel: »Das war das härteste Rennen meines Lebens. In mir war nur noch der Wille zu siegen.« Er brach zusammen und mußte aus dem Stadion getragen werden. Der Größte war am Ende, aber auch zum achten Mal Olympiasieger.

Süße Rache

Vor vier Jahren in Lillehammer hatte Silvio Fauner ganz Norwegen das Volksfest verdorben, als er auf dem Zielstrich der Königsstaffel Björn Dählie noch abfing. Diesmal stand ein Finale von ähnlicher Dramatik an, doch der direkte Konkurrent des Italieners hieß diesmal Thomas Alsgaard, der Sieger des Jagdrennens und ebenfalls ein erstklassiger Sprinter.

Lange hatte es nicht nach einem Fotofinish ausgesehen. Norwegens Startläufer Sivertsen war eingebrochen und hatte nur als Zehnter übergeben. Erst Björn Dählie, der sein siebtes Gold gewinnen wollte, machte als dritter Läufer den Rückstand von noch immer zwölf Sekunden auf die Italiener wett.

Auf den letzten 10 Kilometern versuchten zuerst Alsgaard, dann Fauner vergeblich die Flucht nach vorn, parallel in zwei Loipen flogen sie dem Ziel entgegen. Silvio Fauner, der »weltbeste Sprinter auf Skiern«, mußte sich letztlich um 20 Zentimeter geschlagen geben.

Thomas Alsgaard stürzte beim knappsten Staffeleinlauf der Geschichte um 0,2 Sekunden eher über die Linie.

Vier Jahre lang hatte Norwegen auf diese Rache warten müssen, um so süßer schmeckte sie: »Zwei Zehntel Vorsprung sind viel schöner als 30 Sekunden«, strahlte Dählie.

Die deutsche Staffel erlebte ein Wechselbad der Gefühle. Andreas Schlütter, der 25jährige Sportsoldat, hatte vor allen großen Namen als Ersten Jochen Behle in die Spur geschickt: »Es war ein Traum.« Doch der dauerte nicht lange an. Behle kam völlig ausgepumpt nur als Zehnter wieder an, sogar vom Japaner distanziert: »Ich hatte Magenprobleme, einfach keine Kraft und wäre am liebsten gar nicht gelaufen.«

Der knappste Staffel-Einlauf aller Winterspiele. Thomas Alsgaard (rechts) hat Norwegen um 20 cm vor Silvio Fauner ins Ziel gebracht. Vier Jahre zuvor hatte der Italiener in einem ähnlichen Finish Björn Dählie distanziert – um die doppelte Länge.

STATISTIK

Langlauf, 10 km klassisch, Herren

12.02.1998

1. Björn Dählie	NOR	45	27:24,5
2. Markus Gandler	AUT	53	27:32,5
3. Mika Myllylä	FIN	39	27:40,1
4. Wladimir Smirnow	KAZ	47	27:45,1
5. Thomas Alsgaard	NOR	43	27:48,1
6. Jaak Mae	EST	56	27:56,0
7. Erling Jevne	NOR	33	27:58,7
8. Andrus Veerpalu	EST	57	28:00,7
9. Sture Sivertsen	NOR	38	28:10,6
10. Silvio Fauner	ITA	46	28:15,5
12. Alois Stadlober	AUT	41	28:21,2
14. Gerhard Urain	AUT	82	28:25,2
16. Andreas Schlütter	GER	24	28:48,0
17. Beat Koch	SUI	59	28:49,6
27. Johann Mühlegg	GER	35	29:12,3
38. Rene Sommerfeldt	GER	77	29:52,5
40. Jochen Behle	GER	74	29:55,9
49. Jeremias Wigger	SUI	14	30:33,4
63. Wilhelm Aschwanden	SUI	3	31:10,5
A– Patrick Mächler	SUI	84	

Reihenfolge: Startnummer, Zeit

Langlauf, 15 km Jagdrennen (Freistil), Herren

14.02.1998

1. Thomas Alsgaard	NOR	5	1:07:01,7
2. Björn Dählie	NOR	1	1:07:02,8
3. Wladimir Smirnow	KAZ	4	1:07:31,5
4. Silvio Fauner	ITA	10	1:07:48,9
5. Fulvio Valbusa	ITA	11	1:07:49,1
6. Mika Myllylä	FIN	3	1:07:50,6
7. Markus Gandler	AUT	2	1:08:14,2
8. Jari Isometsä	FIN	15	1:08:19,4
9. Sergej Tschepikow	RUS	22	1:08:24,3
10. Niklas Jonsson	SWE	25	1:08:25,7
11. Achim Walcher	AUT	23	1:08:26,9
12. Andreas Schlütter	GER	16	1:08:32,3
14. Alois Stadlober	AUT	12	1:08:57,1
16. Gerhard Urain	AUT	14	1:09:04,8
17. Johann Mühlegg	GER	27	1:09:12,3
29. Rene Sommerfeldt	GER	38	1:11:13,5
49. Wilhelm Aschwanden	SUI	63	1:12:56,8
NA Beat Koch	SUI	17	
NA Jochen Behle	GER	40	
NA Jeremias Wigger	SUI	49	

Reihenfolge: Startnummer, Gesamtzeit aus 10 km klassisch und 15 km Freistil

Langlauf, 30 km klassisch, Herren

09.02.1998

1. Mika Myllylä	FIN	70	1:33:55,8
2. Erling Jevne	NOR	73	1:35:27,1
3. Silvio Fauner	ITA	71	1:36:08,5
4. Jari Isometsä	FIN	65	1:36:51,4
5. Fulvio Valbusa	ITA	67	1:37:31,1
6. Harri Kirvesniemi	FIN	18	1:37:45,9
7. Marco Albarello	ITA	38	1:38:07,1
8. Giorgio Di Centa	ITA	27	1:38:14,9
9. Wladimir Legotin	RUS	42	1:38:23,7
10. Per Elofsson	SWE	32	1:38:47,0
16. Jeremias Wigger	SUI	41	1:39:46,4
21. Andreas Schlütter	GER	53	1:40:27,1
43. Gerhard Urain	AUT	51	1:43:22,9
53. Beat Koch	SUI	13	1:46:38,3
57. Torald Rein	GER	24	1:49:06,7
NA Rene Sommerfeldt	GER	1	
A– Jochen Behle	GER	47	

Reihenfolge: Startnummer, Zeit

Langlauf, 50 km Freistil, Herren

(22.02.1998)

1. Björn Dählie	NOR	3	2:05:08,2
2. Niklas Jonsson	SWE	2	2:05:16,3
3. Christian Hoffmann	AUT	4	2:06:01,8
4. Aleksej Prokurorow	RUS	18	2:06:41,5
5. Fulvio Valbusa	ITA	6	2:06:44,3
6. Thomas Alsgaard	NOR	5	2:07:21,5
7. Johann Mühlegg	GER	7	2:07:25,3
8. Wladimir Smirnow	KAZ	1	2:07:26,4
9. Maurizio Pozzi	ITA	15	2:08:13,2
10. Silvio Fauner	ITA	14	2:08:44,3
12. Alois Stadlober	AUT	8	2:11:22,4
18. Jeremias Wigger	SUI	21	2:13:50,5
22. Wilhelm Aschwanden	SUI	34	2:14:18,0
26. Rene Sommerfeldt	GER	59	2:16:19,9
36. Andreas Schlütter	GER	41	2:17:52,1
38. Achim Walcher	AUT	43	2:18:31,7
49. Reto Burgermeister	SUI	63	2:22:28,3
NA Beat Koch	SUI	72	
A– Gerhard Urain	AUT	56	

Langlauf, 4x10 km, Herren

18.02.1998

1. NOR – Norwegen	1:40:55,7
Sture Sivertsen 26:20,0 (10)	
Erling Jevne 25:18,9 (1)	
Björn Dählie 24:42,3 (1)	
Thomas Alsgaard 24:34,5 (3)	
2. ITA – Italien	1:40:55,9
Marco Albarello 26:04,1 (4)	
Fulvio Valbusa 25:22,2 (3)	
Fabio Maj 24:54,4 (2)	
Silvio Fauner 24:35,2 (4)	
3. FIN – Finnland	1:42 15,5
Harri Kirvesniemi 26:01,7 (3)	
Mika Myllylä 25:47,5 (4)	
Sami Repo 25:31,0 (5)	
Jari Isometsä 24:55,3 (6)	
4. SWE – Schweden	1:42:25,2
Mathias Fredriksson 26:33,7 (13)	
Niklas Jonsson 26:07,9 (5)	
Per Elofsson 25:25,2 (4)	
Henrik Forsberg 24:18,4 (1)	
5. RUS – Rußland	1:42:39,5
Wladimir Legotin 26:19,0 (9)	
Aleksej Prokurorow 25:21,2 (2)	
Sergej Krjanin 26:02,4 (10)	
Sergej Tschepikow 24:56,9 (7)	
6. SUI – Schweiz	1:42:49,2
Jeremias Wigger 26:20,8 (11)	
Beat Koch 26:12,0 (6)	
Reto Burgermeister 25:31,8 (6)	
Wilhelm Aschwanden 24:44,6 (5)	
7. JPN – Japan	1:43:06,7
Katsuhito Ebisawa 26:11,0 (5)	
Hiroyuki Imai 26:13,9 (7)	
Mitsuo Horigome 25:15,2 (3)	
Kazutoshi Nagahama 25:26,6 (12)	
8. GER – Deutschland	1:43:16,1
Andreas Schlütter 25:57,4 (1)	
Jochen Behle 26:48,8 (13)	
Rene Sommerfeldt 26:01,0 (9)	
Johann Mühlegg 24:28,9 (2)	
9. AUT – Österreich	1:43:16,5
Markus Gandler 26:00,9 (2)	
Alois Stadlober 26:28,5 (10)	
Achim Walcher 25:47,5 (8)	
Christian Hoffmann 24:59,6 (8)	
10. EST – Estland	1:44:20,9

Reihenfolge: Gesamtzeit, Einzelzeit/Flazierung (zweimal klassisch, zweimal Freistil)

Beim Marathon: Björn Dählie (linke Seite), geb. 19. Juni 1967 in Elverum, 1,84 m, 78 kg. Seine Olympiabilanz: 1992 Gold 50 km frei, 15 km Jagd und Staffel; Silber 30 km klassisch. 1994 Gold 10 km (k) und 15 km Jagd; Silber 30 km (k) und Staffel. 1998 Gold 10 km (k), 50 km frei und Staffel, Silber 15 km Jagd.

Japans Stolz: Kenji Ogiwara, 28, ging wie 1994 als Weltmeister in den nordischen Zweikampf, doch wie in Lillehammer mußte er sich mit Platz vier begnügen und konnte auch das Team-Gold von 1992 und 1994 nicht mehr retten.

Thron-Wechsel

Selbst der Himmel weinte, doch es nützte nichts. Japans Kombinierer mußten nach Gold 1992 und 1994 den Thron der Nordischen Skikönige räumen, vor den Augen ihres Kaisers und des eigenen Anhangs. Schlimmer noch: Nach seinem vierten Rang im Einzel lief Weltmeister und Publikumsliebling Kenji Ogiwara nur als Fünfter ins Ziel, gut drei Sekunden vor Deutschland.

Norwegen ließ sich nach zweimal Silber den Sieg nicht nehmen. Für den 26jährigen Bjarte Engen Vik war es der zweite Triumph nach dem Einzelgold: »Nun weiß ich endlich, weshalb ich so heiße: Vik wie Vik-tory, wie Sieg«, scherzte der Dritte von 1994.

Finnland und Frankreich holten sich ihre ersten Teammedaillen in der Nordischen Kombination. Österreich verpaßte nur knapp Bronze. Christoph Eugen war als Zweiter auf die erste Runde gegangen, doch schon nach 600 Metern stürzte er in einer Kurve in ein Fangnetz und verlor viel Zeit. Kenjis Zwillingsbruder Tsugiharu übergab als Dritter hinter Norwegen und Finnland, doch auf der dritten Schleife waren die Medaillen bereits verteilt.

Die deutschen Kombinierer schlugen sich achtbar. Als Siebte gingen sie nach dem Springen ins Rennen und verkürzten den Rückstand zu Bronze von 67 auf 28 Sekunden. Doch der Versuch von Startläufer Matthias Looß, sich an den Franzosen Sylvain Guillaume zu hängen, der vier Sekunden vor ihm losgelaufen war, ging nicht lange gut: »Dann war ich fix und fertig.«

STATISTIK

Nordische Kombination, Einzel

13./14.02.1998

1.	Bjarte Engen Vik	NOR	0,0
	116,0+125,0 P/241,0/1	41:21,1/16	
2.	Samppa Lajunen	FIN	27,5
	108,5+122,0 P/230,5/6	40:45,6/8	
3.	Waleri Stoljarow	RUS	28,2
	120,0+115,0 P/235,0/2	41:13,3/14	
4.	Kenji Ogiwara	JPN	1:21,1
	107,5+118,5 P/226,0/9	41:12,2/13	
5.	Milan Kucera	CZE	1:24,7
	110,5+117,5 P/228,0/8	41:27,8/17	
6.	Tsugiharu Ogiwara	JPN	1:25,3
	112,5+120,0 P/232,5/3	41:55,4/23	
7.	Nicolas Bal	FRA	1:25,7
	110,0+108,5 P/218,5/11	40:31,8/5	
8.	Mario Stecher	AUT	1:48,8
	106,0+122,5 P/228,5/7	41:54,9/22	
9.	Sylvain Guillaume	FRA	2:21,4
	108,0+104,5 P/212,5/16	40:51,5/9	
10.	Dimitri Sinitsyn	RUS	2:26,9
	110,5+103,0 P/213,5/14	41:03,0/11	
12.	Ronny Ackermann	GER	2:31,8
	103,5+106,0 P/209,5/18	40:43,9/7	
13.	Jens Deimel	GER	2:35,2
	113,5+107,5 P/221,0/10	41:56,3/24	
17.	Jean-Yves Cuendet	SUI	3:13,5
	105,5+100,5 P/206,0/21	41:04,6/12	
18.	Urs Kunz	SUI	3:32,1
	102,0+94,0 P/196,0/32	40:23,2/3	
19.	Christoph Bieler	AUT	3:34,4
	112,5+118,5 P/231,0/5	43:55,5/38	
21.	Felix Gottwald	AUT	3:55,1
	98,5+91,5 P/190,0/40	40:10,2/2	
24.	Christoph Eugen	AUT	4:16,6
	98,0+101,5 P/199,5/29	41:28,7/18	
25.	Marco Zarucchi	SUI	4:16,8
	99,0+86,5 P/185,5/43	40:04,9/1	
28.	Andreas Hartmann	SUI	4:57,4
	90,0+103,0 P/193,0/38	41:30,5/20	
32.	Matthias Looß	GER	5:33,1
	83,0+104,0 P/187,0/41	41:30,2/19	
A–	Josef Buchner	GER	(15 km)
	99,5+103,5 P/203,0/26		

Reihenfolge: Final-Einlauf
Sprünge/Punkte/Platz
Zeit 15 km Freistil/Platz

Nordische Kombination, Mannschaft

20.02.1998

1.	NOR – Norwegen	(3/0:08)	0,0
	Halldor Skard 222,5 / 13:38,6 (2)		
	Kenneth Braaten 204,0 / 13:29,1 (3)		
	Bjarte Engen Vik 255,0 / 13:40,1 (1)		
	Fred Börre Lundberg 219,5 / 13:15,7 (5)		
2.	FIN – Finnland	(1/0:00)	1:18,9
	Samppa Lajunen 235,0 / 13:58,2 (5)		
	Jari Mantila 231,5 / 14:21,4 (9)		
	Tapio Nurmela 210,5 / 13:53,8 (5)		
	Hannu Manninen 229,0 / 13:17,0 (6)		
3.	FRA – Frankreich	(6/1:11)	1:41,9
	Sylvain Guillaume 226,0 / 13:45,3 (3)		
	Nicolas Bal 212,0 / 13:30,4 (4)		
	Ludovic Roux 218,5 / 14:05,2 (6)		
	Fabrice Guy 206,5 / 13:21,5 (8)		
4.	AUT – Österreich	(2/0:04)	1:53,1
	Christoph Eugen 216,0 / 14:13,6 (7)		
	Christoph Bieler 223,0 / 14:51,9 (10)		
	Mario Stecher 248,5 / 13:42,3 (3)		
	Felix Gottwald 216,0 / 13:12,8 (4)		
5.	JPN – Japan	(5/0:21)	2:07,3
	Tsugiharu Ogiwara 229,5 / 13:55,6 (4)		
	Satoshi Mori 223,5 / 14:04,5 (6)		
	Gen Tomii 217,0 / 14:46,9 (9)		
	Kenji Ogiwara 223,0 / 13:10,8 (3)		
6.	GER – Deutschland	(7/1:15)	2:10,5
	Matthias Looß 208,0 / 14:24,3 (9)		
	Ronny Ackermann 209,0 / 13:28,3 (2)		
	Thorsten Schmitt 210,0 / 13:44,7 (4)		
	Jens Deimel 234,0 / 13:29,7 (10)		
7.	SUI – Schweiz	(10/3:01)	2:30,1
	Marco Zarucchi 189,0 / 13:33,6 (1)		
	Andreas Hartmann 230,5 / 13:33,3 (5)		
	Jean-Yves Cuendet 193,5 / 13:41,8 (2)		
	Urs Kunz 184,0 / 12:51,9 (1)		
8.	CZE – Tschechien	(4/0:09)	2:53,2
9.	RUS – Rußland	(8/2:13)	4:22,7
10.	USA	(9/2:45)	4:27,1

Reihenfolge: (Position nach dem Springen / Rückstand) Zieleinlauf, Spingen / Laufzeit 5 km Freistil

Bronze nach Tirol

Der Finne Jani Soininen verdarb bei »Kaiserwetter« Japan das vorbereitete Volksfest. Der 25jährige »Schweiger aus der Überfliegerstadt« Jyväskylä hatte eiserne Nerven bewiesen, als er vor seinem Finalsprung von der Jury noch einmal vom Startbalken geholt worden war und zwei Minuten warten mußte. Japans Prinz Naruhito mußte mit den fähnchenschwingenden 50000 Fans leiden, als der nach dem ersten Durchgang klar führende Masahiko Harada zum zweiten Mal nach 1994 bei Olympia abstürzte.

Diese Chance ließ sich Andreas Widhölzl nicht entgehen. Der 21jährige Tiroler mußte nur Kazuyoshi Funaki vorbeiziehen lassen, verteidigte seinen Bronzeplatz und setzte Austrias Serie fort: Seit 1992 holte man immer eine Einzelmedaille. Die Deutschen probten dagegen den kollektiven Tiefflug: »Das ist nicht unser Bakken«, meinte Dieter Thoma lapidar.

STATISTIK

Springen, 90-m-Schanze, Einzel

11.02.1998

1.	Jani Soininen	FIN	234,5
	90 m/118,5, 89 m/116,0		
2.	Kazuyoshi Funaki	JPN	233,5
	87,5 m/114,0, 90,5 m/119,5		
3.	Andreas Widhölzl	AUT	232,5
	88 m/114,5, 90,5 m/118,0		
4.	Janne Ahonen	FIN	231,5
	86,5 m/110,0, 91,5 m/121,5		
5.	Masahiko Harada	JPN	228,5
	91,5 m/121,0, 84,5 m/107,5		
6.	Primoz Peterka	SLO	223.0
	87 m/109,0, 89 m/114,0		
7.	Noriaki Kasai	JPN	221,5
	87,5 m/113,5, 84,5 m/108,0		
8.	Kristian Brenden	NOR	215,5
	87,5 m/112,0, 84 m/103,5		
9.	Hiroya Saito	JPN	213,5
	86,5 m/110,5, 83 m/103,0		
10.	Stefan Horngacher	AUT	212,5
	85 m/107,0, 84,5 m/105,5		
11.	Michal Dolezal	CZE	211,0
	81,5 m/98,5, 87,5 m/112,5		
11.	Reinhard Schwarzenberger	AUT	211,0
	86 m/109,0, 83 m/102,0		
13.	Dieter Thoma	GER	208,5
	84,5 m/106,0, 83 m/102,5		
14.	Sven Hannawald	GER	207,5
	83,5 m/103,0, 84 m/104,5		
17.	Hansjörg Jäkle	GER	200,5
	82 m/99,5, 82,5 m/101,0		
18.	Bruno Reuteler	SUI	200,0
	81 m/96,5, 84 m/103,5		
19.	Martin Schmitt	GER	199,5
	82 m/100,0, 82 m/99,5		
22.	Andreas Goldberger	AUT	196,5
	81 m/97,5, 81,5 m/99,0		
29.	Sylvain Freiholz	SUI	182,0
	76 m/86,0, 80,5 m/96,0		
35.	Simon Ammann	SUI	83,5
	75 m/83,5,–		
56.	Marco Steinauer	SUI	63,5
	66 m/63,5,–		

Reihenfolge: Gesamtpunktzahl, 1. Sprung/Punkte, 2. Sprung/Punkte

Springen, 120-m-Schanze, Einzel

15.02.1998

1.	Kazuyoshi Funaki	JPN	272,3
	126 m/129,8, 132,5 m/142,5		
2.	Jani Soininen	FIN	260,8
	129,5 m/130,6, 126,5 m/130,2		
3.	Masahiko Harada	JPN	258,3
	120 m/117,0, 136 m/141,3		
4.	Andreas Widhölzl	AUT	258,2
	131 m/138,8, 120,5 m/119,4		
5.	Primoz Peterka	SLO	251,1
	119 m/115,2, 130,5 m/135,9		
6.	Takanobu Okabe	JPN	250,1
	130 m/134,0, 119,5 m/116,1		
7.	Reinhard Schwarzenberger	AUT	244,2
	115,5 m/108,4, 131 m/135,8		
8.	Michal Dolezal	CZE	243,2
	116 m/107,8, 130,5 m/135,4		
9.	Roar Ljökelsoey	NOR	242,3
	119,5 m/116,6, 124 m/125,7		
10	Lasse Ottesen	NOR	238,9
	121 m/118,8, 122 m/120,1		
12.	Dieter Thoma	GER	235,6
	114 m/105,2, 128 m/130,4		
14.	Martin Schmitt	GER	233,7
	118,5 m/112,3, 123 m/121,4		
19.	Bruno Reuteler	SUI	222,3
	115,5 m/105,9, 120,5 m/116,4		
33.	Marco Steinauer	SUI	93,9
	108 m/93,9,–		
39.	Simon Ammann	SUI	89,3
	106 m/89,3,–		
41.	Sylvain Freiholz	SUI	88,8
	106 m/88,3,–		
43.	Martin Höllwarth	AUT	86,6
	104,5 m/86,6,–		
48.	Sven Hannawald	GER	78,0
	100 m/78,0,–		
57.	Hansjörg Jäkle	GER	61,1
	92 m/61,1,–		
60.	Stefan Horngacher	AUT	41,2
	84 m/41,2,–		

Reihenfolge: Gesamtpunktzahl, 1. Sprung/Punkte, 2. Sprung/Punkte

Japans Cheftrainer Manabu Ono: »Seit vier Jahren haben alle Leute auf diese Goldmedaillen gehofft. Nun machen sie das ganze Land glücklich. Niemand von uns wird diese Tage je vergessen.«

Eisblock schmilzt

Kazuyoshi Funaki sprang wie ein Irrwisch vor den 50000 Zuschauern umher. Das zweite Olympiagold eines japanischen Springers nach Yukio Kasaya 1972 in Sapporo legte bei dem »Eisblock« wenigstens kurz Emotionen frei.

Weit mehr umjubelt wurde sein Teamgefährte Harada. Mit gewaltigen 136 Metern war er im zweiten Durchgang zu Bronze und in die Herzen der japanischen Fans geflogen. »Nein, ich darf nicht weinen«, begann er das erste Fernsehinterview, ehe bei ihm die Tränen flossen: »Der lange Weg zu einer olympischen Einzelmedaille ist glücklich zu Ende gegangen.« Bange Minuten waren vergangen, weil der Flug zu weit für die Videomessung war. So wurde Andreas Widhölzl zum Pechvogel des Tages. Nach 131 m war der Zeitsoldat aus Fieberbrunn als klarer Spitzenreiter und damit Letzter über die Schanze gegangen – und landete um 0,1 Punkte hinter den Medaillen.

Am Sieg von Funaki gab es keinen Zweifel. Der 22jährige erhielt für seinen zweiten Satz von allen Kampfrichtern die Traumnote 20. Kein Wunder, daß der Eisblock da zu schmelzen begann. Als Olympiasieger kann er seine kostspieligen Hobbys künftig noch leichter finanzieren: hübsche Frauen, extravagante Kleidung, einen Jeep Cherokee.

Japans Liebling: Masahiko Harada, 29, Weltmeister von der Großschanze, im Augenblick der Glückseligkeit. Mit seinem zweiten Sprung hatte er sein Team auf Goldkurs gebracht.

Höhenflug zum Happy-End

Bundestrainer Reinhard Heß war auf einmal wieder obenauf: »Ich habe doch immer gesagt, daß wir eine Teammedaille holen. In den Einzelspringen habe ich mir ja fast ein Magengeschwür eingehandelt«, sprudelte es aus ihm nur so heraus. »Ich weiß doch aus Erfahrung: Springen und Singen kann man nicht erzwingen, das muß von innen heraus kommen.«

»Kopf nicht in den Sand stecken und angreifen«, hatte Katja Seizinger der Mannschaft noch am Vorabend Mut zugesprochen, bei einem gemeinsamen Umtrunk mit den bis dahin so arg »gerupften« deutschen Weitenjägern. Gut zwölf Stunden später feierten sie ihr olympisches Happy-End.

Aus ratlosen »Suppenhühnern« waren plötzlich wieder nervenstarke Kämpfertypen geworden. Am Ende mußte sich die »Schwarzwald-Connection« nur Japans Springerflotte geschlagen geben, während Bronze an Österreichs »Adler« ging.

Sie hatten in Andreas Widhölzl den besten Springer des Tages und nach dem ersten Durchgang sogar geführt, vor Deutschland, Norwegen und Japan. 70000 sahen nach Haradas »Aussetzer« entsetzt einem Drama entgegen, doch dann kam der Umschwung.

Harada, der 1994 die klare Führung als Letzter verspielt hatte, flog mit 137 Metern Schanzenrekord, Funaki behielt mit 126 Metern die Nerven.

Nach seinem Siegsprung spielten sich im Schanzenauslauf unglaubliche Szenen ab. Vier Gold-Jungen wälzten sich im Schnee und dirigierten den Jubel. Noch nie hatten Nippons Springer bei einem Großereignis als Team triumphiert.

»Yatta, yatta!«: Wir haben es geschafft! Masahiko Harada schrie es immer wieder in den Himmel: »Das ist einer der größten Tage in der Sportgeschichte Japans, er macht das ganze Land glücklich.« Dann brachen bei ihm die Dämme, die Worte verkümmerten in der Tränenflut. Dieser Tag gehörte vor allem ihm. Er weinte hemmungslos, bis auch der letzte Druck aus vier Jahren aus seiner Seele herausgespült war.

Die deutschen Springer waren ebenfalls rundum glücklich. »Wir schlafen nicht mehr und feiern nur noch«, gab Dieter Thoma als Parole aus, der nach Mannschafts-Gold und Einzel-Bronze von 1994 seine olympische Medaillensammlung komplettierte.

STATISTIK

Springen, Team

17.02.1998, 120-m-Schanze

1. JPN – Japan 933,0
   Takanobu Okabe 121,5+137 m/259,3 P
   Hiroya Saito 130+124 m/256,2 P
   Masahiko Harada 79,5+137 m/177,2 P
   Kazuyoshi Funaki 118,5+125 m/240,3 P
2. GER – Deutschland 897,4
   Sven Hannawald 125,5+128 m/258,3 P
   Martin Schmitt 98+126,5 m/200,1 P
   Hansjörg Jäkle 96+123,5 m/193,6 P
   Dieter Thoma 130+120,5 m/245,4 P
3. AUT – Österreich 881,5
   R. Schwarzenberger 101,5+118,5m/196,5 P
   Martin Höllwarth 122,5+123 m/241,9 P
   Stefan Horngacher 104,5+108 m/176,5 P
   Andreas Widhölzl 123+136,5 m/266,6 P
4. NOR – Norwegen 870,6
   Henning Stensrud 109+130 m/226,2 P
   Lasse Ottesen 115,5+113 m/208,8 P
   Roar Ljoekelsoey 93+120 m/180,9 P
   Kristian Brenden 133+121 m/254,7 P
5. FIN – Finnland 833,9
   Ari-Pekka Nikkola 103,5+122 m/202,9 P
   Mika Laitinen 112+102,5 m/184,1 P
   Janne Ahonen 101+128 m/213.2 P
   Jani Soininen 113+131 m/233.7 P
6. SUI – Schweiz 735,0
   Sylvain Freiholz 113+116,5 m/211,1 P
   Marco Steinauer 107,5+103 m/175,4 P
   Simon Ammann 81,5+100 m/117,7 P
   Bruno Reuteler 115+123,5 m/230,8 P
7. CZE – Tschechien 710,3
8. POL – Polen 684,2
9. RUS – Rußland 639,7
10. SLO – Slowenien 610,3

Reihenfolge: Gesamtpunktzahl, 1. Sprung/2. Sprung/Gesamt

Empfang im Schwarzwald gerettet: Dieter Thoma, 28, Neffe des Olympiasiegers 1960 in der Nordischen Kombination, sicherte mit seinem souveränen Schlußsprung der Mannschaft Silber.

BOGNER

Wunschträume

Viele Träume waren zerplatzt, viele Hoffnungen in Erfüllung gegangen, als am Abend des 22. Februar die Olympische Flamme erlosch. 50 000 Lampions der Zuschauer im Minami-Stadion leuchteten stattdessen auf, begleitet vom Wirbel der Taiko-Trommeln, deren dumpfer Klang dann vom Feuerzauber am Himmel übertönt wurde.

Noch einmal wurden die großen Momente dieser XVIII. Winterspiele wach. Der Sturzflug des Hermann Maier, gefolgt von seinem Höhenflug. Der tiefe Fall der nordamerikanischen Eishockeyprofis. Das Strahlen der Tara Lipinski. Die totale Erschöpfung des Björn Dählie, dem Mann der Spiele.

Japan erlebte Tage der Glückseligkeit, als seine Springer doch noch zweimal zu Gold flogen. Jeder gönnte dem Gastgeberland seine erfolgreichsten Winterspiele. Das »Arigato Nippon« von IOC-Präsident Juan Antonio Samaranch bei der Schlußfeier war der aufrichtige Dank für 16 Tage rührender Wärme, die von Herzen kam. Dies war ihr Wunschtraum gewesen, nun sahen sie ihn verwirklicht.

Wayne Gretzky aber hat geweint. Wie gern hätte »The Great« mit Sandra »The Curler« Schmirler getauscht, die Gold nach House brachte. Nun ist sein Traum vom Olympiasieg für alle Zeiten ausgeträumt, die nächste Generation darf wieder hoffen. Freuen wir uns auf Salt Lake City, in einer anderen Zeit und in einer anderen Welt. Auch das macht den Reiz der olympischen Bewegung aus.

Dieter Hennig

1980	Eric Heiden	USA	38,03
	Jewgeni Kulikow	URS	38,37
	Lieuwe de Boer	NED	38,48
1984	Sergej Fokitschew	URS	38,19
	Yoshihiro Kitazawa	JPN	38,30
	Gaetan Boucher	CAN	38,39
1988	Uwe-Jens Mey	GDR	36,45
	Jan Ykema	NED	36,76
	Akira Kuroiwa	JPN	36,77
1992	Uwe-Jens Mey	GER	37,14
	Toshiyuki Kuroiwa	JPN	37,18
	Junichi Inoue	JPN	37,26
1994	Alexander Golubew	RUS	36,33
	Sergei Klewschenia	RUS	36,39
	Manabu Horii	JPN	36,53
1998	Hiroyasu Shimizu	JPN	1:11,35
	Jeremy Wotherspoon	CAN	1:11,84
	Kevin Overland	CAN	1:11,86

1000 m, Herren

1976	Peter Mueller	USA	1:19,32
	Jörn Didriksen	NOR	1:20,45
	Waleri Muratow	URS	1:20,57
1980	Eric Heiden	USA	1:15,18
	Gaetan Boucher	CAN	1:16,68
	Frode Rönning	NOR	1:16,91
	Wladimir Lobanow	URS	1:16,91
1984	Gaetan Boucher	CAN	1:15,80
	Sergej Schlebnikow	URS	1:16,63
	Kai Arne Engelstaad	NOR	1:16,75
1988	Nikolai Guljajew	URS	1:13,03
	Uwe-Jens Mey	GDR	1:13,11
	Igor Schelesowski	URS	1:13,19
1992	Olaf Zinke	GER	1:14,85
	Yoon-Man Kim	KOR	1:14,86
	Yukinori Miyabe	JPN	1:14,92
1994	Dan Jansen	USA	1:12,13
	Igor Schelesowski	BLR	1:12,72
	Sergei Klewschenia	RUS	1:12,85
1998	Ids Postma	NED	1:10,64
	Jan Bos	NED	1:10,71
	Hiroyasu Shimizu	JPN	1:11,00

1500 m, Herren

1924	Clas Thunberg	FIN	2:20,80
	Roald Larsen	NOR	2:22,00
	Sigurd Moen	NOR	2:25,60
1928	Clas Thunberg	FIN	2:21,10
	Bernt Evensen	NOR	2:21,90
	Ivar Ballangrud	NOR	2:22,60
1932	Jack A. Shea	USA	2:57,50
	Alexander Hurd	CAN	5 m
	William Logan	CAN	6 m
1936	Charles Mathisen	NOR	2:19,20
	Ivar Ballangrud	NOR	2:20,20
	Birger Wasenius	FIN	2:20,90
1948	Sverre Farstad	NOR	2:17,60
	Ake Seyffarth	SWE	2:18,10
	Odd Lundberg	NOR	2:18,90
1952	Hjalmar Andersen	NOR	2:20,40
	Willem van der Voort	NED	2:20,60
	Roald Aas	NOR	2:21,60
1956	Jewgeni Grischin	URS	2:08,60
	Juri Michailow	URS	2:08,60
	Toivo Salonen	FIN	2:09,40
1960	Roald Aas	NOR	2:10,40
	Jewgeni Grischin	URS	2:10,40
	Boris Stenin	URS	2:11,50
1964	Ants Antson	URS	2:10,30
	Kees Verkerk	NED	2:10,60
	Villy Haugen	NOR	2:11,20
1968	Kees Verkerk	NED	2:03,40
	Ard Schenk	NED	2:05,00
	Ivar Eriksen	NOR	2:05,00
1972	Ard Schenk	NED	2:02,96
	Roar Grönvold	NOR	2:04,26
	Göran Classon	SWE	2:05,89
1976	Jan Egil Storholt	NOR	1:59,38
	Juri Kondakow	URS	1:59,97
	Hans van Helden	NED	2:00,87
1980	Eric Heiden	USA	1:55,44
	Arne Kai Stenshjemmet	NOR	1:56,81
	Terje Andersen	NOR	1:56,92
1984	Gaetan Boucher	CAN	1:58,36
	Sergej Schlebnikow	URS	1:58,83
	Oleg Bogjew	URS	1:58,89
1988	Andre Hoffmann	GDR	1:52,06
	Erik Flaim	USA	1:52,12
	Michael Hadschieff	AUT	1:52,31
1992	Johann Olav Koss	NOR	1:54,81
	Adne Soendral	NOR	1:54,85
	Leo Visser	NED	1:54,90
1994	Johann Olav Koss	NOR	1:51,29
	Rintje Ritsma	NED	1:51,99
	Falko Zandstra	NED	1:52,38
1998	Adne Söndral	NOR	1:47,87
	Ids Postma	NED	1:48,13
	Rintje Ritsma	NED	1:48,52

5000 m, Herren

1924	Clas Thunberg	FIN	8:39,00
	Julius Skutnabb	FIN	8:48,40
	Roald Larsen	NOR	8:50,20
1928	Ivar Ballangrud	NOR	8:50,50
	Julius Skutnabb	FIN	8:59,10
	Bernt Evensen	NOR	9:01,10
1932	Irving Jaffee	USA	8:40,80
	Edward Murphy	USA	2 m.00
	William Logan	CAN	4 m.00
1936	Ivar Ballangrud	NOR	8:19,60
	Birger Wasenius	FIN	8:23,30
	Antero Ojala	FIN	8:30,10
1948	Reidar Liaklev	NOR	8:29,40
	Odd Lundberg	NOR	8:32,70
	Göthe Hedlund	SWE	8:34,80
1952	Hjalmar Andersen	NOR	8:10,80
	Cornelis Broekman	NED	8:21,60
	Sverre Haugli	NOR	8:22,40
1956	Boris Schilkow	URS	7:48,70
	Sigvard Ericsson	SWE	7:56,70
	Oleg Gontscharenko	URS	7:57,50
1960	Wiktor Kossitschkin	URS	7:51,30
	Knut Johannesen	NOR	8:00,80
	Jan Pesman	NED	8:05,10
1964	Knut Johannesen	NOR	7:38,40
	Ivar Per Moe	NOR	7:38,60
	Fred Anton Maier	NOR	7:42,00
1968	Fred Anton Maier	NOR	7:22,40
	Kees Verkerk	NED	7:23,20
	Petrus Nottet	NED	7:25,50
1972	Ard Schenk	NED	7:23,61
	Roar Grönvold	NOR	7:28,16
	Sten Stensen	NOR	7:33,39
1976	Sten Stensen	NOR	7:24,48
	Piet Kleine	NED	7:26,47
	Hans van Helden	NED	7:26,54
1980	Eric Heiden	USA	7:02,29
	Arne Kai Stenshjemmet	NOR	7:03,28
	Tom Erik Oxholm	NOR	7:05,59
1984	Tomas Gustafson	SWE	7:12,28
	Igor Malkow	URS	7:12,30
	René Schöfisch	GDR	7:17,49
1988	Tomas Gustafsson	SWE	6:44,63
	Leo Visser	NED	6:44,98
	Gerard Kemkers	NED	6:45,92
1992	Geir Karlstad	NOR	6:59,97
	Falko Zandstra	NED	7:02,28
	Leo Visser	NED	7:04,96
1994	Johann Olav Koss	NOR	6:34,96
	Kjell Storelid	NOR	6:42,68
	Rintje Ritsma	NED	6:43,94
1998	Gianni Romme	NED	6:22,20
	Rintje Ritsma	NED	6:28,24
	Bart Veldkamp	BEL	6:28,31

10000 m, Herren

1924	Julius Skutnabb	FIN	18:04,80
	Clas Thunberg	FIN	18:07,80
	Roald Larsen	NOR	18:12,20
1928	abgebrochen (schlechtes Eis)		
1932	Irving Jaffee	USA	19:13,60
	Ivar Ballangrud	NOR	5 m
	Frank Stack	CAN	6 m
1936	Ivar Ballangrud	NOR	17:24,30
	Birger Wasenius	FIN	17:28,20
	Max Stiepl	AUT	17:30,00
1948	Ake Seyffarth	SWE	17:26,30
	Lauri Parkkinen	FIN	17:36,00
	Pentti Lammio	FIN	17:42,70
1952	Hjalmar Andersen	NOR	16:45,80
	Cornelis Broekman	NED	17:10,60
	Carl-Erik Asplund	SWE	17:16,60
1956	Sigvard Ericsson	SWE	16:35,90
	Knut Johannesen	NOR	16:36,90
	Oleg Gontscharenko	URS	16:42,30
1960	Knut Johannesen	NOR	15:46,60
	Wiktor Kossitschkin	URS	15:49,20
	Kjell Bäckman	SWE	16:14,20
1964	Jonny Nilsson	SWE	15:50,10
	Fred Anton Maier	NOR	16:06,00
	Knut Johannesen	NOR	16:06,30
1968	Johnny Höglin	SWE	15:23,60
	Fred Anton Maier	NOR	15:23,90
	Örjan Sandler	SWE	15:31,80
1972	Ard Schenk	NED	15:01,36
	Kees Verkerk	NED	15:04,70
	Sten Stensen	NOR	15:07,08
1976	Piet Kleine	NED	14:50,59
	Sten Stensen	NOR	14:53,30
	Hans van Helden	NED	15:02,02
1980	Eric Heiden	USA	14:28,13
	Piet Kleine	NED	14:36,03
	Tom Erik Oxholm	NOR	14:36,60
1984	Igor Malkow	URS	14:39,90
	Tomas Gustafson	SWE	14:39,95
	René Schöfisch	GDR	14:46,91
1988	Tomas Gustafson	SWE	13:48,20
	Michael Hadschieff	AUT	13:56,11
	Leo Visser	NED	14:00,55
1992	Bart Veldkamp	NED	14:12,12
	Johann Olav Koss	NOR	14:14,58
	Geir Kar stad	NOR	14:18,13
1994	Johann Olav Koss	NOR	13:30,55
	Kjell Storelid	NOR	13:49,25
	Bart Veldkamp	NED	13:56,73
1998	Gianni Romme	NED	13:15,33
	Bob de Jong	NED	13:25,76
	Rintje Ritsma	NED	13:28,19

500 m, Damen

1960	Helga Haase	GER	45,90
	Natalia Dontschenko	URS	46,00
	Jeanne Ashworth	USA	46,10
1964	Lidija Skoblikowa	URS	45,00
	Irina Jegorowa	URS	45,40
	Tatjana Sidorowa	URS	45,50
1968	Ljudmila Titowa	URS	46,10
	Mary Meyers	USA	46,30
	Dianne Holum	USA	46,30
	Jennifer Fish	USA	46,30
1972	Anne Henning	USA	43,33
	Wera Krasnowa	URS	44,01
	Ljudmila Titowa	URS	44,45
1976	Sheila Young	USA	42,76
	Cathy Priestner	CAN	43,12
	Tatjana Awerina	URS	43,17
1980	Karin Enke	GDR	41,78
	Leah Mueller-Poulos	USA	42,26
	Natalja Petrussewa	URS	42,42
1984	Christa Rothenburger	GDR	41,02
	Karin Enke	GDR	41,28
	Natalia Sch ve	URS	41,50
1988	Bonnie Blair	USA	39,10
	Christa Rothenburger	GDR	39,12
	Karin Kania-Enke	GDR	39,24
1992	Bonnie Blair	USA	40,33
	Qiaobo Ye	CHN	40,51
	C. Luding-Rotherburger	GER	40,57
1994	Bonnie Blair	USA	39,25
	Susan Auch	CAN	39,61
	Franziska Schenk	GER	39,70
1998	Catriona LeMay-Doan	CAN	1:16,60
	Susan Auch	CAN	1:16,93
	Tomomi Okazaki	JPN	1:17,10

1000 m, Damen

1960	Klara Gussewa	URS	1:34,10
	Helga Haase	GER	1:34,30
	Tamara Rylowa	URS	1:34,80
1964	Lidija Skoblikowa	URS	1:33,20
	Irina Jegorowa	URS	1:34,30
	Kaija Mustonen	FIN	1:34,80
1968	Carolina Geijssen	NED	1:32,60
	Ljudmila Titowa	URS	1:32,90
	Dianne Holum	USA	1:33,40
1972	Monika Pflug	FRG	1:31,40
	Atje Keulen-Deelstra	NED	1:31,61
	Anne Henning	USA	1:31,62
1976	Tatjana Awerina	URS	1:28,43
	Leah Poulos	USA	1:28,57
	Sheila Young	USA	1:29,14
1980	Natalja Petrussewa	URS	1:24,10
	Leah Mueller-Poulos	USA	1:25,41
	Sylvia Albrecht	GDR	1:26,46
1984	Karin Enke	GDR	1:21,61
	Andrea Schöne	GDR	1:22,83
	Natalia Petrussewa	URS	1:23,21
1988	Christa Rothenburger	GDR	1:17,65
	Karin Kania-Enke	GDR	1:17,70
	Bonnie Blair	USA	1:18,31
1992	Bonnie Blair	USA	1:21,90
	Qiaobo Ye	CHN	1:21,92
	Monique Garbrecht	GER	1:22,10
1994	Bonnie Blair	USA	1:18,74
	Anke Baier	GER	1:20,12
	Qiaobo Ye	CHN	1:20,22
1998	Marianne Timmer	NED	1:16,51
	Christine Witty	USA	1:16,79
	Catriona LeMay-Doan	CAN	1:17,37

1500 m, Damen

1960	Lidija Skoblikowa	URS	2:25,20
	Elvira Seroczynska	POL	2:25,70
	Helena Pilejczyk	POL	2:27,10
1964	Lidija Skoblikowa	URS	2:22,60
	Kaija Mustonen	FIN	2:25,50
	Berta Kolokolzewa	URS	2:27,10
1968	Kaija Mustonen	FIN	2:22,40
	Caroline Geijssen	NED	2:22,70
	Stien Kaiser	NED	2:24,50
1972	Dianne Holum	USA	2:20,85
	Stien Baas-Kaiser	NED	2:21,05
	Atje Keulen-Deelstra	NED	2:22,05
1976	Galina Stepanskaja	URS	2:16,58
	Sheila Young	USA	2:17,06
	Tatjana Awerina	URS	2:17,96
1980	Annie Borcking	NED	2:10,95
	Ria Visser	NED	2:12,35
	Sabine Becker	GDR	2:12,38
1984	Karin Enke	GDR	2:03,42
	Andrea Schöne	GDR	2:05,29
	Natalia Petrussewa	URS	2:05,78
1988	Yvonne van Gennip	NED	2:00,68
	Karin Kania-Enke	GDR	2:00,82
	Andrea Ehrig-Schöne	GDR	2:01,49
1992	Jacqueline Börner	GER	2:05,87
	Gunda Niemann	GER	2:05,92
	Seiko Hashimoto	JPN	2:06,88
1994	Emese Hunyady	AUT	2:02,19
	Swetlana Fedotkina	RUS	2:02,69
	Gunda Niemann	GER	2:03,41
1998	Marianne Timmer	NED	1:57,58
	G. Niemann-Stirnemann	GER	1:58,66
	Christine Witty	USA	1;58,97

3000 m, Damen

1960	Lidija Skoblikowa	URS	5:14,30
	Walentina Stenina	URS	5:16,90
	Eevi Huttunen	FIN	5:21,00
1964	Lidija Skoblikowa	URS	5:14,90
	Walentina Stenina	URS	5:18,50
	Pil-Hwa Han	PRK	5:18,50
1968	Johanna Schut	NED	4:56,20
	Kaija Mustonen	FIN	5:01,00
	Stien Kaiser	NED	5:01,30
1972	Stien Baas-Kaiser	NED	4:52,14
	Dianne Holum	USA	4:58,67
	Atje Keulen-Deelstra	NED	4:59,91
1976	Tatjana Awerina	URS	4:45,19
	Andrea Mitscherlich	GDR	4:45,23
	Lisbeth Korsmo	NOR	4:45,24
1980	Bjoerg Eva Jensen	NOR	4:32,13
	Sabine Becker	GDR	4:32,79
	Beth Heiden	USA	4:33,77
1984	A. Schöne-Mitscherlich	GDR	4:24,79
	Karin Enke	GDR	4:26,33
	Gabi Schönbrunn	GDR	4:33,13
1988	Yvonne van Gennip	NED	4:11,94
	Andrea Ehrig-Schöne	GDR	4:12,09
	Gabi Zange-Schönbrunn	GDR	4:16,92
1992	Gunda Niemann	GER	4:19,90
	Heike Warnicke	GER	4:22,88
	Emese Hunyady	AUT	4:24,64
1994	Swetlana Baschanowa	RUS	4:17,43
	Emese Hunyady	AUT	4:18,14
	Claudia Pechstein	GER	4:18,34
1998	G. Niemann-Stirnemann	GER	4:07,29
	Claudia Pechstein	GER	4:08,47
	Anni Friesinger	GER	4:09,44

5000 m, Damen

1988	Yvonne van Gennip	NED	7:14,13
	Andrea Ehrig-Schöne	GDR	7:17,12
	Gabi Zange-Schönbrunn	GDR	7:21,61
1992	Gunda Niemann	GER	7:19,57
	Heike Warnicke	GER	7:37,59
	Claudia Pechstein	GER	7:39,80
1994	Claudia Pechstein	GER	7:14,37
	Gunda Niemann	GER	7:14,88
	Hiromi Yamamoto	JPN	7 19,68
1998	Claudia Pechstein	GER	6:59,61
	G. Niemann-Stirnemann	GER	6:59,65
	Ludmilla Prokaschewa	KAZ	7:11,14

Kurzbahn, 500 m, Herren

1994	Ji-Hoon Chae	KOR	43,45
	Mirko Vuillermin	ITA	43,47
	Nicholas Gooch	GBR	43,68
1998	Takafumi Nishitani	JPN	42,862
	Yulong An	CHN	43,022
	Hitoshi Uematsu	JPN	43,713

Kurzbahn, 1000 m, Herren

1992	Ki-Hoon Kim	KOR	1:30,76
	Frederic Blackburn	CAN	1:31,11
	Joon-Ho Lee	KOR	1:31,16

1994	Ki-Hoon Kim	KOR	1:34,57
	Ji-Hoon Chae	KOR	1:34,92
	Marc Gagnon	CAN	–
1998	Dong-Sung Kim	KOR	1:32,375
	Jiajun Li	CHN	1:32,428
	Eric Bedard	CAN	1:32,661

5000-m-Staffel, Herren

1992	Südkorea	7:14,02
	Kanada	7:14,06
	Japan	7:18,18
1994	Italien	7:11,74
	USA	7:13,37
	Australien	7:13,68
1998	Kanada	7:06,075
	Südkorea	7:06,776
	China	7:11,559

Kurzbahn, 500 m, Damen

1992	Cathy Turner	USA	47,04
	Yan Li	CHN	47,08
	Hwang Ok-Sil	PRK	47,23
1994	Cathy Turner	USA	45,98
	Yanmei Zhang	CHN	46,44
	Amy Peterson	USA	46,76
1998	Annie Perreault	CAN	46,568
	Yang Yang	CHN	46,627
	Lee-Kyung Chun	KOR	46,335

Kurzbahn, 1000 m, Damen

1994	Lee-Kyung Chun	KOR	1:36,87
	Nathalie Lambert	CAN	1:36,97
	So-Hee Kim	KOR	1:37,09
1998	Lee-Kyung Chun	KOR	1:42,776
	Yang Yang	CHN	1:43,343
	Hye-Kyung Won	KOR	1:43,361

3000-m-Staffel, Damen

1992	Kanada	4:36,62
	USA	4:37,62
	EUN	4:42,69
1994	Südkorea	4:26,64
	Kanada	4:32,04
	USA	4:39,34
1998	Südkorea	4:16,260
	China	4:16,383
	Kanada	4:21,205

NORDISCHE WETTBEWERBE

Biathlon, 10 km, Herren

1980	Frank Ullrich	GDR	32:10,6
	Wladimir Alikin	URS	32:53,[illegible]
	Anatoli Aljabjew	URS	33:09,[illegible]
1984	Eirik Kvalfoss	NOR	30:53,8
	Peter Angerer	FRG	31:02,4
	Matthias Jacob	GDR	31:10,3
1988	Frank-Peter Roetsch	GDR	25:08,1
	Waleri Medwedzew	URS	25:23,7
	Sergej Tschepikow	URS	25:29,4
1992	Mark Kirchner	GER	26:02,3
	Ricco Groß	GER	26:18,0
	Harri Eloranta	FIN	26:26,5
1994	Sergej Tschepikow	RUS	28:07,0
	Ricco Groß	GER	28:13,0
	Sergej Tarassow	RUS	28:27,4
1998	Ole Einar Björndalen	NOR	27:16,2
	Frode Andresen	NOR	28:17,8
	Ville Raikkonen	FIN	28:21,7

Biathlon, 20 km, Herren

1960	Klas Ivar Lestander	SWE	1:33:21,6
	Antti Tyrväinen	FIN	1:33:57,7
	Alexander Priwalow	URS	1:34:54,2
1964	Wladimir Melanin	URS	1:20:26,8
	Alexander Priwalow	URS	1:23:42,5
	Olav Jordet	NOR	1:24:38,8
1968	Magnar Solberg	NOR	1:13:45,9
	Alexander Tichonow	URS	1:14:40,4
	Wladimir Gundarzew	URS	1:18:27,4
1972	Magnar Solberg	NOR	1:15:55,5
	Hansjörg Knauthe	GDR	1:16:07,6
	Göran-Lars Arwidson	SWE	1:16:27,0
1976	Nikolai Kruglow	URS	1:14:12,2
	Heikki Ikola	FIN	1:15:54,1
	Alexander Jelisarow	URS	1:16:05,5
1980	Anatoli Aljabjew	URS	1:08:16,3
	Frank Ullrich	GDR	1:08:27,7
	Eberhard Rösch	GDR	1:11:11,7
1984	Peter Angerer	FRG	1:11:52,7
	Frank-Peter Roetsch	GDR	1:13:21,4
	Eirik Kvalfoss	NOR	1:14:02,[illegible]

1988	Frank-Peter Roetsch	GDR	56:33,3
	Waleri Medwedzew	URS	56:54,6
	Johann Passler	ITA	57:10,1
1992	Jewgeni Redkin	EUN	57:34,4
	Mark Kirchner	GER	57:40,8
	Mikael Lofgren	SWE	57:59,4
1994	Sergej Tarassow	RUS	57:25,3
	Frank Luck	GER	57:28,7
	Sven Fischer	GER	57:41,9
1998	Halvard Hanevold	NOR	56:16,4
	Pieralberto Carrara	ITA	56:21,9
	Aleksej Aidarow	BLR	56:46,5

Biathlon, 4x7,5 km, Herren

1968	UdSSR	2:13:02,4
	Norwegen	2:14:50,2
	Schweden	2:17:26,3
1972	UdSSR	1:51:44,9
	Finnland	1:54:37,2
	DDR	1:54;57,6
1976	UdSSR	1:57:55,6
	Finnland	2:01:45,5
	DDR	2:04:08,6
1980	UdSSR	1:34:03,2
	DDR	1:34:56,9
	BR Deutschland	1:37:30,2
1984	UdSSR	1:38:51,7
	Norwegen	1:39:03,9
	BR Deutschland	1:39:05,1
1988	UdSSR	1:22:30,0
	BR Deutschland	1:23:37,4
	Italien	1:23:51,5
1992	Deutschland	1:24:43,5
	EUN	1:25:06,3
	Schweden	1:25:38,2
1994	Deutschland	1:30:22,1
	Rußland	1:31:23,6
	Frankreich	1:32:31,3
1998	Deutschland	1:21:36,2
	Norwegen	1:21:56,3
	Rußland	1:22:19,3

Biathlon, 7,5 km, Damen

1992	Anfissa Reszowa	EUN	24:29,7
	Antje Misersky	GER	24:45,1
	Jelena Bjelowa	EUN	24:50,8
1994	Myriam Bedard	CAN	26:08,8
	Swetlana Paramygina	BLR	26:09,9
	Valentina Tserbe	UKR	26:10,0
1998	Galina Kuklewa	RUS	23:08,0
	Uschi Disl	GER	23:08,7
	Katrin Apel	GER	23:32,4

Biathlon, 15 km, Damen

1992	Antje Misersky	GER	51:47,2
	Swetlana Petscherskaja	EUN	51:58,5
	Myriam Bedard	CAN	52:15,0
1994	Myriam Bedard	CAN	52:06,6
	Anne Briand	FRA	52:53,3
	Uschi Disl	GER	53:15,3
1998	Jekaterina Dafowska	BUL	54:52,0
	Elena Petrowa	UKR	55:09,8
	Uschi Disl	GER	55:17,9

Biathlon, 3x7,5 km, Damen

1992	Frankreich	1:15:55,6
	Deutschland	1:16:18,4
	EUN	1:16:54,6

Biathlon, 4x7,5 km, Damen

1994	Rußland	1:47:19,5
	Deutschland	1:51:16,5
	Frankreich	1:52:28,3
1998	Deutschland	1:40:13,6
	Rußland	1:40:25,2
	Norwegen	1:40:37,3

18-km-Langlauf, Herren

1924	Thorleif Haug	NOR	1:14:31
	Johan Gröttumsbraten	NOR	1:15:51
	Tapani Niku	FIN	1:16:26
1928	Johan Gröttumsbraten	NOR	1:37:01
	Ole Hegge	NOR	1:39:01
	Reidar Ödegaard	NOR	1:40:11
1932	Sven Utterström	SWE	1:23:07
	Axel Wikström	SWE	1:25:07
	Veli Selim Saarinen	FIN	1:25:24
1936	Erik-August Larsson	SWE	1:14:38
	Oddbjörn Hagen	NOR	1:15:33
	Pekka Niemi	FIN	1:16:59

1948	Martin Lundström	SWE	1:13:50
	Nils Östensson	SWE	1:14:22
	Gunnar Eriksson	SWE	1:16:06
1952	Hallgeir Brenden	NOR	1:01:34
	Tapio Valfrid Mäkelä	FIN	1:02:09
	Paavo Lonkila	FIN	1:02:20

15-km-Langlauf, Herren

1956	Hallgeir Brenden	NOR	49:39,0
	Sixten Jernberg	SWE	50:14,0
	Pawel Koltschin	URS	50:17,0
1960	Hakon Brusveen	NOR	51:55,5
	Sixten Jernberg	SWE	51:58,6
	Veikko Hakulinen	FIN	52:03,0
1964	Eero Mäntyranta	FIN	50:54,1
	Harald Grönningen	NOR	51:34,8
	Sixten Jernberg	SWE	51:42,2
1968	Harald Grönningen	NOR	47:54,2
	Eero Mäntyranta	FIN	47:56,1
	Gunnar Larsson	SWE	48:33,7
1972	Sven-Ake Lundbäck	SWE	45:28,2
	Fjodor Simaschow	URS	46:00,8
	Ivar Formo	NOR	46:02,6
1976	Nikolai Bashukow	URS	43:58,4
	Jewgeni Beljajew	URS	44:01,1
	Arto Koivisto	FIN	44:19,2
1980	Tomas Wassberg	SWE	41:57,63
	Juha Mieto	FIN	41:57,64
	Ove Aunli	NOR	42:28,60
1984	Gunde Svan	SWE	41:25,6
	Aki Karvonen	FIN	41:34,9
	Harri Kirvesniemi	FIN	41:45,6
1988	Michail Dewjatjarow	URS	41:18,9
	Pal-Gunnar Mikkelsplass	NOR	41:33,4
	Wladimir Smirnow	URS	41:48,5

10-km-Langlauf, Herren

1992	Vegard Ulvang	NOR	27:36,0
	Marco Albarello	ITA	27:55,2
	Christer Majbäck	SWE	27:56,4
1994	Björn Dählie	NOR	24:20,1
	Wladimir Smirnow	KAZ	24:38,3
	Marco Albarello	ITA	24:42,3
1998	Björn Dählie	NOR	27:24,5
	Markus Gandler	AUT	27:32,5
	Mika Myllylä	FIN	27:40,1

Jagdrennen (10 km klassisch + 15 km freier Stil), Herren

1992	Björn Dählie	NOR	1:05:37,9
	Vegard Ulvang	NOR	0:53,4
	Giorgio Vanzetta	ITA	0:54,3
1994	Björn Dählie	NOR	1:00:08,9
	Wladimir Smirnow	KAZ	0:29,2
	Silvio Fauner	ITA	1:39,8
1998	Thomas Alsgaard	NOR	1:07:01,7
	Björn Dählie	NOR	1:07:02,8
	Wladimir Smirnow	KAZ	1:07:31,5

30-km-Langlauf, Herren

1956	Veikko Hakulinen	FIN	1:44:06,0
	Sixten Jernberg	SWE	1:44:30,0
	Pawel Koltschin	URS	1:45:45,0
1960	Sixten Jernberg	SWE	1:51:03,9
	Rolf Rämgard	SWE	1:51:16,9
	Nikolai Anikin	URS	1:52:28,2
1964	Eero Mäntyranta	FIN	1:30:50,7
	Harald Grönningen	NOR	1:32:02,3
	Igor Worontschichin	URS	1:32:15,8
1968	Franco Nones	ITA	1:35:39,2
	Odd Martinsen	NOR	1:36:28,9
	Eero Mäntyranta	FIN	1:36:55,5
1972	Wjatscheslaw Wedenin	URS	1:36:31,1
	Pal Tyldum	NOR	1:37:25,3
	Johannes Harviken	NOR	1:37:32,4
1976	Sergej Saweljew	URS	1:30:29,3
	Bill Koch	USA	1:30:57,8
	Iwan Garanin	URS	1:31:09,2
1980	Nikolai Simjatow	URS	1:27:02,8
	Wassil Rotschew	URS	1:27:34,2
	Iwan Lebanow	BUL	1:28:03,8
1984	Nikolai Simjatow	URS	1:28:56,3
	Alexander Sawjalow	URS	1:29:23,3
	Gunde Svan	SWE	1:29:35,7
1988	Aleksej Prokurorow	URS	1:24:26,3
	Wladimir Smirnow	URS	1:24:35,1
	Vegard Ulvang	NOR	1:25:11,6
Klassisch			
1992	Vegard Ulvang	NOR	1:22:27,8
	Björn Dählie	NOR	1:23:14,0
	Terje Langli	NOR	1:23:42,5
Freier Stil			
1994	Thomas Alsgaard	NOR	1:12:26,4
	Björn Dählie	NOR	1:13:13,6
	Mika Myllylä	FIN	1:14:14,0
Klassisch			
1998	Mika Myllylä	FIN	1:33:55,8
	Erling Jevne	NOR	1:35:27,1
	Silvio Fauner	ITA	1:36:08,5

50-km-Langlauf, Herren

1924	Thorleif Haug	NOR	3:44:32,0
	Thoralf Strömstad	NOR	3:46:23,0
	Johan Gröttumsbraten	NOR	3:47:46,0
1928	Per Erik Hedlund	SWE	4:52:03,0
	Gustaf Jonsson	SWE	5:05:30,0
	Volger Andersson	SWE	5:05:46,0
1932	Veli Selim Saarinen	FIN	4:28:00,0
	Väinö Liikkanen	FIN	4:28:20,0
	Arne Rustadstuen	NOR	4:31:53,0
1936	Elis Wiklund	SWE	3:30:11,0
	Axel Wikström	SWE	3:33:20,0
	Nils-Joel Englund	SWE	3:34:10,0
1948	Nils Karlsson	SWE	3:47:48,0
	Harald Eriksson	SWE	3:52:20,0
	Benjamin Vanninen	FIN	3:57:28,0
1952	Veikko Hakulinen	FIN	3:33:33,0
	Eero Kolehmainen	FIN	3:38:11,0
	Magnar Estenstad	NOR	3:38:28,0
1956	Sixten Jernberg	SWE	2:50:27,0
	Veikko Hakulinen	FIN	2:51:45,0
	Fjodor Terentjew	URS	2:53:32,0
1960	Kalevi Hämäläinen	FIN	2:59:06,3
	Veikko Hakulinen	FIN	2:59:26,7
	Rolf Rämgard	SWE	3:02:46,7
1964	Sixten Jernberg	SWE	2:43:52,6
	Assar Rönnlund	SWE	2:44:58,2
	Arto Tiainen	FIN	2:45:30,4
1968	Ole Ellefsaeter	NOR	2:28:45,8
	Wjatscheslaw Wedenin	URS	2:29:02,5
	Josef Haas	SUI	2:29:14,8
1972	Pal Tyldum	NOR	2:43:14,7
	Magne Myrmo	NOR	2:43:29,4
	Wjatscheslaw Wedenin	URS	2:44:00,1
1976	Ivar Formo	NOR	2:37:30,0
	Gert-Dietmar Klause	GDR	2:38:13,2
	Benny Södergren	SWE	2:39:39,2
1980	Nikolai Simjatow	URS	2:27:24,6
	Juha Mieto	FIN	2:30:20,5
	Alexander Sawjalow	URS	2:30:51,5
1984	Tomas Wassberg	SWE	2:15:55,8
	Gunde Svan	SWE	2:16:00,7
	Aki Karvonen	FIN	2:17:04,7
1988	Gunde Svan	SWE	2:04:30,9
	Maurilio de Zolt	ITA	2:05:36,4
	Andy Grünenfelder	SUI	2:06:01,9
Freier Stil			
1992	Björn Dählie	NOR	2:03:41,5
	Maurilio de Zolt	ITA	2:04:39,1
	Giorgio Vanzetta	ITA	2:06:42,1
Klassisch			
1994	Wladimir Smirnow	KAZ	2:07:20,3
	Mika Myllylä	FIN	2:08:41,4
	Sture Sivertsen	NOR	2:08:49,0
Freier Stil			
1998	Björn Dählie	NOR	2:05:08,2
	Niklas Jonsson	SWE	2:05:16,3
	Christian Hoffmann	AUT	2:06:01,8

4x10-km-Staffel, Herren

1936	Finnland	2:41:33,0
	Norwegen	2:41:39,0
	Schweden	2:43:03,0
1948	Schweden	2:32:08,0
	Finnland	2:41:06,0
	Norwegen	2:44:33,0
1952	Finnland	2:20:16,0
	Norwegen	2:23:13,0
	Schweden	2:24:13,0
1956	UdSSR	2:15:30,0
	Finnland	2:16:31,0
	Schweden	2:17:42,0
1960	Finnland	2:18:45,6
	Norwegen	2:18:46,4
	UdSSR	2:21:21,6
1964	Schweden	2:18:34,6
	Finnland	2:18:42,6
	UdSSR	2:18:46,9
1968	Norwegen	2:08:33,5
	Schweden	2:10:13,2
	Finnland	2:10:56,7
1972	UdSSR	2:04:47,9
	Norwegen	2:04:57,0
	Schweiz	2:07:00,0
1976	Finnland	2:07:59,7
	Norwegen	2:09:58,3
	UdSSR	2:10:51,4

1980	UdSSR	1:57:03,4
	Norwegen	1:58:45,7
	Finnland	2:00:00,1
1984	Schweden	1:55:06,3
	UdSSR	1:55:16,5
	Finnland	1:56:31,4
1988	Schweden	1:43:58,6
	UdSSR	1:44:11,3
	Tschechoslowakei	1:45:22,7
1992	Norwegen	1:39:26,0
	Italien	1:40:52,7
	Finnland	1:41:22,9
1994	Italien	1:41,15,0
	Norwegen	1:41,15,4
	Finnland	1:42,15,6
1998	Norwegen	1:40:55,7
	Italien	1:40:55,9
	Finnland	1:42:15,5

5-km-Langlauf, Damen

1964	Klawdija Bojarskich	URS	17:50,5
	Mirja Lehtonen	FIN	17:52,9
	Alewtina Koltschina	URS	18:08,4
1968	Toini Gustafsson	SWE	16:45,2
	Galina Kulakowa	URS	16:48,4
	Alewtina Koltschina	URS	16:51,6
1972	Galina Kulakowa	URS	17:00,5
	Marjetta Kajosmaa	FIN	17:05,5
	Helena Sikolova	TCH	17:07,3
1976	Helena Takalo	FIN	15:48,6
	Raissa Smetanina	URS	15:49,7
	Nina Baldytschewa	URS	16:12,8
1980	Raissa Smetanina	URS	15:06,9
	Hilkka Riihivuori	FIN	15:11,9
	Kvetoslava Jeriowa	TCH	15:23,4
1984	Marja-Liisa Hämäläinen	FIN	17:04,0
	Berit Aunli	NOR	17:14,1
	Kvetoslava Jeriova	TCH	17:18,3
1988	Marjo Matikainen	FIN	15:04,0
	Tamara Tichonowa	URS	15:05,3
	Wida Wenzene	URS	15:11,1
1992	Marjut Lukkarinen	FIN	14:13,8
	Ljubow Jegorowa	EUN	14:14,7
	Jelena Välbe	EUN	14:22,7
1994	Ljubow Jegorowa	RUS	14:08,8
	Manuela di Centa	ITA	14:28,3
	Kirvesniemi-Hämäläinen	FIN	14:36,0
1998	Larissa Lasutina	RUS	17:37,9
	Katerina Neumannova	CZE	17:42,7
	Bente Martinsen	NOR	17:49,4

Jagdrennen (5 km klassisch + 10 km freier Stil), Damen

1992	Ljubow Jegerowa	EUN	40:07,7
	Stefania Belmondo	ITA	0:24,1
	Jelena Välbe	EUN	0:44,0
1994	Ljubow Jegorowa	RUS	41:38,1
	Manuela di Centa	ITA	0:08,3
	Stefania Belmondo	ITA	0:43,0
1998	Larissa Lasutina	RUS	46:06,9
	Olga Danilowa	RUS	46:13,4
	Katerina Neumannova	CZE	46:14,2

10-km-Langlauf, Damen

1952	Lydia Wideman	FIN	41:40,0
	Kyllikki Mirja Hietamies	FIN	42:39,0
	Johanna Siira Rantanen	FIN	42:50,0
1956	Ljubow Kosyrjewa	URS	38:11,0
	Radja Jeroschina	URS	38:16,0
	Sonja Edström	SWE	38:23,0
1960	Maria Gussakowa	URS	39:46,6
	Ljubow Baranowa	URS	40:04,2
	Radja Jeroschina	URS	40:06,0
1964	Klawdija Bojarskich	URS	40:24,3
	Jewdokija Mekschilo	URS	40:26,6
	Maria Gussakowa	URS	40:46,6
1968	Toini Gustafsson	SWE	36:46,5
	Berit Mördre	NOR	37:54,6
	Inger Aufles	NOR	37:59,9
1972	Galina Kulakowa	URS	34:17,8
	Alewtina Oljunina	URS	34:54,1
	Marjetta Kajosmaa	FIN	34:56,4
1976	Raissa Smetanina	URS	30:13,4
	Helena Takalo	FIN	30:14,2
	Galina Kulakowa	URS	30:38,6
1980	Barbara Petzold	GDR	30:31,5
	Hilkka Riihivuori	FIN	30:35,0
	Helena Takalo	FIN	30:45,2
1984	Marja-Liisa Hämäläinen	FIN	31:44,2
	Raissa Smetanina	URS	32:02,9
	Brit Pettersen	NOR	32:12,7
1988	Wida Wenzene	URS	30:08,3
	Raissa Smetanina	URS	30:17,0
	Marjo Matikainen	FIN	30:20,5

15-km-Langlauf, Damen

Klassisch			
1992	Ljubow Jegorowa	EUN	42:20,8
	Marjut Lukkarinen	FIN	43:29,9
	Jelena Välbe	EUN	43:42,3
Freier Stil			
1994	Manuela di Centa	ITA	39:44,5
	Ljubow Jegorowa	RUS	41:03,0
	Nina Gawryljouk	RUS	41:10,4
Klassisch			
1998	Olga Danilowa	RUS	46:55,4
	Larissa Lasutina	RUS	47:01,0
	Anita Moen-Guidon	NOR	47:52,6

20-km-Langlauf, Damen

1984	Marja-Liisa Hämäläinen	FIN	1:01:45,0
	Raissa Smetanina	URS	1:02:26,7
	Anne Jahren	NOR	1:03:13,6
1988	Tamara Tichonowa	URS	55:53,6
	Anfissa Reszowa	URS	56:12,8
	Raissa Smetanina	URS	57:22,1

30-km-Langlauf, Damen

Freier Stil			
1992	Stefania Belmondo	ITA	1:22:30,1
	Ljubow Jegorowa	EUN	1:22:52,0
	Jelena Välbe	EUN	1:24:13,9
Klassisch			
1994	Manuela di Centa	ITA	1:25:41,6
	Marit Wold	NOR	1:25:57,8
	Kirvesniemi-Hämäläinen	FIN	1:26:13,6
Freier Stil			
1998	Julia Tschepalowa	RUS	1:22:01,5
	Stefania Belmondo	ITA	1:22:11,7
	Larissa Lasutina	RUS	1:23:15,7

3x5-km-Staffel, Damen

1956	Finnland	1:09:01,0
	UdSSR	1:09:28,0
	Schweden	1:09:48,0
1960	Schweden	1:04:21,4
	UdSSR	1:05:02,6
	Finnland	1:06:27,5
1964	UdSSR	59:20,2
	Schweden	1:01:27,0
	Finnland	1:02:45,1
1968	Norwegen	57:30,0
	Schweden	57:51,0
	UdSSR	58:13,6
1972	UdSSR	48:46,1
	Finnland	49:19,3
	Norwegen	49:51,4

4x5-km-Staffel, Damen

1976	UdSSR	1:07:47,7
	Finnland	1:08:36,5
	DDR	1:09:57,9
1980	DDR	1:02:11,1
	UdSSR	1:03:18,3
	Norwegen	1:04:13,5
1984	Norwegen	1:06:49,7
	Tschechoslowakei	1:07:34,7
	Finnland	1:07:36,7
1988	UdSSR	59:51,1
	Norwegen	1:01:33,0
	Finnland	1:01:53,8
1992	EUN	59:34,8
	Norwegen	59:56,4
	Italien	1:00:25,9
1994	Rußland	57:12,5
	Norwegen	57:42,6
	Italien	58:42,6
1998	Rußland	55:13,5
	Norwegen	55:38,0
	Italien	56:53,3

Nordische Kombination, Einzel

1924	Thorleif Haug	NOR	18,906
	Thoralf Strömstad	NOR	18,219
	Johan Gröttumsbraten	NOR	17,854
1928	Johan Gröttumsbraten	NOR	17,833
	Hans Vinjarengen	NOR	15,303
	John Snersrud	NOR	15,021
1932	Johan Gröttumsbraten	NOR	446,000
	Ole Stenen	NOR	436,050
	Hans Vinjarengen	NOR	434,600
1936	Oddbjörn Hagen	NOR	430,300
	Olaf Hoffsbakken	NOR	419,800
	Sverre Brodahl	NOR	408,100
1948	Heikki Vihtori Hasu	FIN	448,800
	Martti Huhtala	FIN	433,650
	Sven Israelsson	SWE	433,400

1952	Simon Slættvik	NOR	451,621
	Heikki Vihtori Hasu	FIN	447,500
	Sverre Stenersen	NOR	436,335
1956	Sverre Stenersen	NOR	455,000
	Bengt Ericsson	SWE	437,400
	F. Gron-Gasienica	POL	436,800
1960	Georg Thoma	GER	457,952
	Tormod Knutsen	NOR	453,000
	Nikolai Gussakow	URS	452,000
1964	Tormod Knutsen	NOR	469,280
	Nikolai Kisseljow	URS	453,040
	Georg Thoma	GER	452,880
1968	Franz Keller	FRG	449,040
	Alois Kälin	SUI	447,990
	Andreas Kunz	GDR	444,100
1972	Ulrich Wehling	GDR	413,340
	Rauno Miettinen	FIN	404,505
	Karl-Heinz Luck	GDR	398,800
1976	Ulrich Wehling	GDR	423,390
	Urban Hettich	FRG	418,900
	Konrad Winkler	GDR	417,470
1980	Ulrich Wehling	GDR	432,200
	Jouko Karjalainen	FIN	429,500
	Konrad Winkler	GDR	425,320
1984	Tom Sandberg	NOR	422,595
	Jouko Karjalainen	FIN	416,900
	Jukka Ylipulli	FIN	410,825
1988	Hippolyt Kempf	SUI	38:16,8
	Klaus Sulzenbacher	AUT	+0:29,7
	Allar Lewandi	URS	+0:55,6
1992	Fabrice Guy	FRA	43:45,4
	Sylvain Guillaume	FRA	+0:48,4
	Klaus Sulzenbacher	AUT	+1:06,3
1994	Fred Björre Lundberg	NOR	39:07,8
	Takanori Kono	JPN	+1:17,5
	Bjarte Engen Vik	NOR	+1:18,3
1998	Bjarte Engen Vik	NOR	41:21,1
	Samppa Lajunen	FIN	+27,5
	Waleri Stoljarow	RUS	–28,2

Nordische Kombination, Mannschaft

1988	BR Deutschland	1:20 46,0
	Schweiz	+0:03,4
	Österreich	+0:30,9
1992	Japan	1:23:36,5
	Norwegen	+1:26,4
	Österreich	+1:40,1
1994	Japan	1:21:51,8
	Norwegen	+4:49,1
	Schweiz	+7:48,1
1998	Norwegen	54:03,5
	Finnland	+1:18,9
	Frankreich	+1:41,9

Spezialspringen

1924	Jacob Tullin Thams	NOR	18,960
	Narve Bonna	NOR	18,689
	Anders Haugen	USA	17,916
1928	Alf Sten Andersen	NOR	19,208
	Sigmund Ruud	NOR	18,542
	Rudolf Burkert	TCH	17,937
1932	Birger Ruud	NOR	228,1
	Hans Beck	NOR	227,0
	Kaare Wahlberg	NOR	219,5
1936	Birger Ruud	NOR	232,0
	Sven Eriksson	SWE	230,5
	Reidar Andersen	NOR	228,9
1948	Petter Hugsted	NOR	228,1
	Birger Ruud	NOR	226,6
	Thorleif Schjelderup	NOR	225,1
1952	Arnfinn Bergmann	NOR	226,0
	Torbjörn Falkanger	NOR	221,5
	Karl Holmström	SWE	219,5
1956	Abram Antti Hyvärinen	FIN	227,0
	Aulis Kallakorpi	FIN	225,0
	Harry Glaß	GER	224,5
1960	Helmut Recknagel	GER	227,2
	Niilo Halonen	FIN	222,6
	Otto Leodolter	AUT	219,4

Normalschanze

1964	Veikko Kankkonen	FIN	229,9
	Torlaf Engan	NOR	226,3
	Torgeir Brandtzaeg	NOR	222,9
1968	Jiri Raska	TCH	216,5
	Reinhold Bachler	AUT	214,2
	Baldur Preiml	AUT	212,6
1972	Yukio Kasaya	JPN	244,2
	Akitsugu Konno	JPN	234,8
	Seiji Aochi	JPN	229,5
1976	Hans-Georg Aschenbach	GDR	252,0
	Jochen Danneberg	GDR	246,2
	Karl Schnabl	AUT	242,0
1980	Toni Innauer	AUT	266,3
2.	Manfred Deckert	GDR	249,2
2.	Hirokazu Yagi	JPN	249,2
1984	Jens Weißflog	GDR	215,2
	Matti Nykänen	FIN	214,0
	Jari Puikkonen	FIN	212,8
1988	Matti Nykänen	FIN	229,1
	Pavel Ploc	TCH	212,1
	Jiri Malec	TCH	211,8
1992	Ernst Vettori	AUT	222,8
	Martin Höllwarth	AUT	218,1
	Toni Nieminen	FIN	217,0
1994	Espen Bredesen	NOR	282,0
	Lasse Ottesen	NOR	268,0
	Dieter Thoma	GER	260,5
1998	Jani Soininen	FIN	234,5
	Kazuyoshi Funaki	JPN	233,5
	Andreas Widhölzl	AUT	232,5

Großschanze

1964	Toralf Engan	NOR	230,7
	Veikko Kankkonen	FIN	228,9
	Torgeir Brandtzaeg	NOR	227,2
1968	Wladimir Beloussow	URS	231,3
	Jiri Raska	TCH	229,4
	Lars Grini	NOR	214,3
1972	Wojciech Fortuna	POL	219,9
	Walter Steiner	SUI	219,8
	Rainer Schmidt	GDR	219,3
1976	Karl Schnabl	AUT	234,8
	Toni Innauer	AUT	232,9
	Henry Glaß	GDR	221,7
1980	Jouko Törmänen	FIN	271,0
	Hubert Neuper	AUT	262,4
	Jari Puikkonen	FIN	248,5
1984	Matti Nykänen	FIN	231,4
	Jens Weißflog	GDR	213,7
	Pavel Ploc	TCH	202,9
1988	Matti Nykänen	FIN	224,0
	Erik Johnsen	NOR	207,9
	Matjaz Debelak	YUG	207,7
1992	Toni Nieminen	FIN	239,5
	Martin Höllwarth	AUT	227,3
	Heinz Kuttin	AUT	214,8
1994	Jens Weißflog	GER	274,5
	Espen Bredesen	NOR	266,5
	Andreas Goldberger	AUT	255,0
1998	Kazuyoshi Funaki	JPN	272,3
	Jani Soininen	FIN	260,8
	Masahiko Harada	JPN	258,3

Spezialspringen Mannschaft

1988	Finnland	634,4
	Jugoslawien	625,5
	Norwegen	596,1
1992	Finnland	634,4
	Österreich	642,9
	Tschechoslowakei	620,1
1994	Deutschland	970,1
	Japan	956,9
	Österreich	918,9
1998	Japan	933,0
	Deutschland	897,4
	Österreich	881,5

DIE TEILNEHMER DER XVIII. OLYMPISCHEN WINTERSPIELE IN NAGANO

Ski alpin

Dorfmeister, Michaela	AUT-Neusiedl	25.03.1973
Eberharter, Stefan	AUT-Stumm	24.03.1969
Egger, Sabine	AUT-Globasnitz	22.04.1977
Franz, Werner	AUT-Weissbriach	08.03.1972
Götschl, Renate	AUT-Obdach	06.08.1975
Knauss, Hans	AUT-Schladming	09.02.1971
Köllerer, Karin	AUT-Oberalm	08.10.1970
Mader, Günther	AUT-Innsbruck	24.06.1964
Maier, Hermann	AUT-Flachau	07.12.1972
Mayer, Christian	AUT-Finkenstein	10.01.1972
Meißnitzer, Alexandra	AUT-Abtenau	18.06.1973
Mitterwallner, Christiane	AUT-Pichl	10.07.1974
Obermoser, Brigitte	AUT-Altenmarkt	02.07.1976
Ortlieb, Patrick	AUT-Oberlech	20.05.1967
Reiter, Mario	AUT-Rankweil	05.11.1970
Salvenmoser, Ingrid	AUT-Scheffau	28.03.1967
Salzgeber, Rainer	AUT-Schruns	26.04.1967
Schifferer, Andreas	AUT-Radstadt	03.08.1974
Schilchegger, Heinz	AUT-Obertauern	16.10.1973
Schuster, Stefanie	AUT-Riezlern	19.04.1969
Stangassinger, Thomas	AUT-Bad Dürnberg	15.09.1965
Strobl, Fritz	AUT-Steinfeld	24.08.1972
Strobl, Josef	AUT-Holzgau	03.03.1974
Sykora, Thomas	AUT-Göstling	18.05.1968
Trinkl, Hannes	AUT-Rossleiten	01.02.1968
Voglreiter, Siegfried	AUT-Piesendorf	22.12.1969
Bergmann, Monika	GER-Lam	17.04.1978
Eberle, Markus	GER-Riezlern	02.02.1969
Ertl, Martina	GER-Lenggries	12.09.1973
Gerg, Hilde	GER-Lenggries	19.10.1975
Gutensohn, Katharina	GER-Kirchberg/Österr.	22.03.1966
Häusl, Regina	GER-Schneizlreuth	17.12.1973
Seizinger, Katja	GER-Eberbach	10.05.1972
Vogl, Alois	GER-Lohberg	15.09.1972
Accola, Martina	SUI-Davos	08.03.1969
Accola, Paul	SUI-Davos-Clavadel	20.02.1967
Berthod, Sylviane	SUI-Salins	25.04.1977
Besse, William	SUI-Bruson	10.03.1968
Borghi, Catherine	SUI-Les Diablerets	23.09.1976
Casanova, Marco	SUI-Obersaxen	07.06.1976
Cavegn, Franco	SUI-Luven	06.01.1971
Cuche, Didier	SUI-Le Pâquier	16.08.1974
Grünenfelder, Jürg	SUI-Elm	08.01.1974
Grünigen, Michael von	SUI-Schönried	11.04.1969
Herrmann, Markus	SUI-Schönried	17.11.1972
Kälin, Urs	SUI-Einsiedeln	26.02.1966
Kernen, Bruno	SUI-Reutingen	01.07.1972
Kummer, Lilian	SUI-Riederalp	08.07.1975
Locher, Steve	SUI-Salins	19.09.1967
Nef, Sonja	SUI-Grub	19.04.1974
Neuenschwander, Karin	SUI-Gstaad	29.06.1971
Plaschy, Didier	SUI-Varen	02.05.1973
Rey-Bellet, Corinne	SUI-Val-d'Illiez	02.08.1972
Roten, Karin	SUI-Leukerbad	27.01.1976
Zurbriggen, Heidi	SUI-Almagell	16.03.1967

Freestyle

Hudribusch, Sabina	AUT-Wien	11.01.1967
Rijavec, Christian	AUT-Axams	18.04.1972
Mittermayer, Tatjana	GER-Aschau	26.07.1964
Rauscher, Gabriele	GER-Leimen	20.11.1970
Schmitt, Sandra	GER-Mörfelden	26.04.1981
Bodmer, Corinne	SUI-Lausanne	23.09.1970
Brand, Colette	SUI-Baar	05.11.1967
Lagler, Thomas	SUI-Oberiberg	05.11.1968
Leu, Evelyne	SUI-Arisdorf	07.07.1976
Messerli, Andreas	SUI-Zürich	07.04.1971
Moser, Petsch	SUI-Täuffelen	26.01.1960
Ottiker, Marco	SUI-Allschwil	31.05.1974
Rohrbach, Michèle	SUI-Magden	28.12.1974
Schmid, Nathalie	SUI-Zürich	06.08.1975
Schmid, Rolf	SUI-Winznau	19.05.1973
Vaucher, Sandrine	SUI-Cologny	20.08.1971

Snowboard

Fingerlos, Ursula	AUT-Mauterndorf	17.11.1976
Freinademetz, Martin	AUT-Innsbruck	10.12.1969
Grabner, Siegfried	AUT-Ebene Reichenau	04.02.1975
Happ, Dieter	AUT-Axams	11.05.1970
Hölzl, Ulrike	AUT-Rum	03.02.1975
Jaufenthaler, Heidi	AUT-Lienz	08.11.1977
Köck, Brigitte	AUT-Mils	18.05.1970
Krassnig, Dieter	AUT-Klagenfurt	03.08.1973
Pederzolli, Nicola	AUT-Rum	11.03.1974
Plötzeneder, Max	AUT-Thaur	05.04.1971
Sammer, Klaus	AUT-St. Johann in Tirol	27.10.1976
Zedlacher, Isabel	AUT-Villach	12.12.1977
Farmand, Sandra	GER-Wuppertal	13.09.1969
Heckmair, Burgl	GER-Bayrischzell	02.01.1976
Hoffmann, Xaver	GER-Murnau	22.11.1974
Kroschewski, Bernd	GER-Frickingen	24.09.1970
Moherndl, Dieter	GER-Traunreut	20.01.1968
Renoth, Heidi	GER-Berchtesgaden	28.02.1978
Thost, Nicola	GER-Pforzheim	03.05.1977
Wehr-Hasler, Sabine	GER-Märstetten/SUI	07.08.1967
Denervaud, Bertrand	SUI-Marly	07.05.1970
Grütter, André	SUI-Grasswil	15.06.1976
Hasler, Patrik	SUI-Märstätten	13.07.1965
Jaquet, Gilles	SUI-La Chaux de Fonds	16.06.1974
Keller, Renate	SUI-Champfèr	25.10.1961
Kestenholz, Ueli	SUI-Thun	10.05.1975
Mosca, Fadri	SUI-Scuol	04.11.1973
Plancherel, Cécile	SUI-Bern	28.10.1970
Rohrer, Fabien	SUI-Münsingen	01.09.1975
Schwaller, Anita	SUI-Schmitten	02.05.1972
Siebenthal, Stefanie von	SUI-Saanenmöser	08.11.1977
Simmen, Gian	SUI-Arosa	19.02.1977

Bob

Arnold, Erwin	AUT-Aldrans	05.11.1968
Bachler, Thomas	AUT-Schwaz	03.06.1965
Einberger, Kurt	AUT-Kramsach	27.01.1966
Habermüller, Gerd	AUT-Stockerau	20.01.1969
Kuttner, Georg	AUT-Bad Großpertholz	23.02.1968
Leismüller, Peter	AUT-Scharnitz	13.04.1968
Müller, Michael	AUT-Regau	29.08.1976
Schösser, Hubert	AUT-Fritzens	11.11.1966
Schützenauer, Martin	AUT-Wien	28.06.1962
Czudaj, Harald	GER-Naunhof	14.02.1963
Görmer, Steffen	GER-Halle/Saale	28.07.1968
Hampel, Olaf	GER-Bielefeld	01.11.1965
Jakobs, Marco	GER-Unna	30.05.1974
Kohlert, Kai-Uwe	GER-Stockstadt	13.06.1966
Langen, Christoph	GER-Aschaffenburg	27.03.1962
Liekmeier, Michael	GER-Scharmede	22.07.1970
Peter, Sven	GER-Bochum	18.07.1968
Szelig, Alexander	GER-Werdau	06.02.1966
Voss, Torsten	GER-Krefeld	24.03.1963
Wiese, Dirk	GER-Winterberg	19.01.1965
Zimmermann, Markus	GER-Schönau	04.09.1964
Acklin, Guido	SUI-Herznach	21.11.1969
Anderhub, Steve	SUI-Eschenbach	12.07.1970
Giger, Daniel	SUI-Riehen	30.09.1965
Götschi, Reto	SUI-Hausen	25.12.1965
Grand, Céderic	SUI-Vernier	14.01.1976
Handschin, Thomas	SUI-Amriswil	28.11.1973
Nüssli, Markus	SUI-Berg	09.07.1971
Reich, Christian	SUI-Künten	23.09.1967
Rohner, Marcel	SUI-Baar	21.06.1964
Schreiber, Thomas	SUI-Remetschwill	15.05.1968
Seitz, Beat	SUI-Tecknau	28.10.1973
Wasser, Markus	SUI-Gränichen	07.05.1968

Rodeln

Gleirscher, Gerhard	AUT-Telfes	14.12.1968
Kleinheinz, Markus	AUT-Neustift	27.08.1976
Manzenreiter, Sonja	AUT-Innsbruck	18.07.1975
Neuner, Angelika	AUT-Wattens	23.12.1969
Prock, Markus	AUT-Mieders	22.06.1964
Schiegl, Markus	AUT-Unterlangkampfen	07.06.1975
Schiegl, Tobias	AUT-Langkampfen	05.10.1973
Tagwerker, Andrea	AUT-Bludenz	23.10.1970
Albert, Karsten	GER-Friedrichsroda	13.10.1968
Behrendt, Jan	GER-Ilmenau	29.11.1967
Erdmann, Susi	GER-München	29.01.1968
Hackl, Georg	GER-Berchtesgaden	09.09.1966
Kraushaar, Silke	GER-Sonneberg	10.10.1970
Krauße, Stefan	GER-Ilmenau	17.09.1967
Müller, Jens	GER-Ilmenau	06.07.1965
Niedernhuber, Barbara	GER-Ramsau	06.06.1974
Skel, Steffen	GER-Ilmenau	14.06.1972
Wöller, Steffen	GER-Elkeringhausen	10.09.1972
Gilly, Reto	SUI-Bassersdorf	18.01.1972

Im Zenkoji-Tempel von Nagano, seit 1350 Jahren eines der bedeutendsten Heiligtümer Japans.

Curling

Axnick, Oliver	GER-Füssen	17.05.1970
Höhne, Holger	GER-Füssen	06.05.1970
Kapp, Andreas	GER-Unterthingau	08.12.1967
Kapp, Uli	GER-Schwangau	14.04.1971
Meidele, Carina	GER-Stuttgart	18.04.1965
Nessler, Natalie	GER-München	08.06.1976
Schäffer, Michael	GER-München	28.04.1968
Schöpp, Andrea	GER-Garmisch-Partenk.	27.02.1965
Wagner, Monika	GER-Garmisch-Partenk.	28.02.1965
Wieländer, Heike	GER-Zürich/Schweiz	24.07.1968
Andres, Dominic	SUI-Aetingen	06.10.1972
Hürlimann, Patrick	SUI-Cham	09.07.1963
Loertscher, Patrik	SUI-Lutry	19.03.1960
Müller, Daniel	SUI-Biel	29.05.1965
Perren, Diego	SUI-Zermatt	10.01.1965

Eishockey

Brandner, Christoph	AUT-Klagenfurt	05.07.1975
Dalpiaz, Claus	AUT-Rosenheim	10.10.1971
Divis, Reinhard	AUT-Feldkirch	04.07.1975
Hohenberger, Herbert	AUT-Köln	08.02.1969
Hohenberger, Martin	AUT-Villach	29.01.1977
Kalt, Dieter	AUT-Ketsch/Deutschl.	26.06.1974
Kromp, Wolfgang	AUT-Villach	17.09.1970
Krumpschmid, Normand	AUT-Wien	13.12.1969
Lampert, Michael	AUT-Feldkirch-Gisingen	17.07.1972
Lavoie, Joseph G. D.	AUT-Feldkirch-Gisingen	21.11.1967
Linder, Engelbert	AUT-Sattendorf	18.07.1962
Nasheim, Richard	AUT-Feldkirch-Tosters	15.01.1963
Perthaler, Christian	AUT-Klagenfurt	21.07.1968
Pilloni, Patrick	AUT-Klagenfurt	21.02.1970
Puschacher, Michael	AUT-Klagenfurt	15.09.1968
Puschnik, Gerhard	AUT-Rankweil-Brederis	16.10.1966
Pusnik, Andreas	AUT-Klagenfurt	07.09.1972
Ressmann, Gerald	AUT-Villach	24.07.1970
Schaden, Mario	AUT-Klagenfurt	30.04.1972
Searle, Thomas	AUT-Feldkirch	26.04.1963
Ulrich, Martin	AUT-Mannheim	16.12.1969
Unterluggauer, Gerhard	AUT-Villach	15.08.1976
Wheeldon, Simon	AUT-Feldkirch	30.08.1966
Benda, Jan	GER-Duisburg	28.04.1972
Bergen, Brad	GER-Düsseldorf	16.03.1966
Brandl, Thomas	GER-Frechen	09.02.1969
Brüggemann, Lars	GER-Jacksonville/USA	02.03.1976
Doucet, Benoit	GER-Meerbusch	23.04.1963
Draisaitl, Peter	GER-Köln	07.12.1965
Goldmann, Erich	GER-Ontario/Kanada	07.04.1976
Hecht, Jochen	GER-Mannheim	21.06.1977
Hegen, Dieter	GER-Meerbusch	29.04.1962
Heiss, Joseph »Peppi«	GER-Garmisch-Partenk.	13.06.1963
Kölzig, Olaf	GER-Maryland/USA	06.04.1970
Krupp, Uwe	GER-Morrison/USA	24.06.1965
Kunce, Daniel	GER-Nürnberg	17.07.1971
Lüdemann, Mirko	GER-Köln	15.12.1973
Lupzig, Andreas	GER-Köln	05.08.1968
MacKay, Mark	GER-Buchenberg	28.05.1964
Merk, Klaus	GER-Berlin	26.04.1967
Molling, Jochen	GER-Berlin	09.08.1973
Reichel, Martin	GER-Nürnberg	07.11.1973
Rumrich, Jürgen	GER-Berlin	20.03.1968
Sturm, Marco	GER-Dingolfing	08.09.1978
Ustorf, Stefan	GER-Berlin	03.01.1974

Eiskunstlauf

Lautowa, Julia	AUT-Moskau/Rußland	05.10.1981
Lohse, Rene	GER-Oberstdorf	23.09.1973
Müller, Mirko	GER-Berlin	12.11.1974
Schwarz, Peggy	GER-Berlin	04.09.1971
Steuer, Ingo	GER-Chemnitz	01.11.1966
Szewczenko, Tanja	GER-Düsseldorf	26.07.1977
Winkler, Kati	GER-Oberstdorf	16.01.1974
Wötzel, Mandy	GER-Chemnitz	21.07.1973

Eisschnellauf

Brunner, Roland	AUT-Innsbruck	12.08.1970
Dörfler-Antal, Emese	AUT-Innsbruck	13.02.1971
Hunyady, Emese	AUT-Baden	04.03.1966
Ten Kortenaar, Marnix	AUT-Innsbruck	19.08.1970
Adeberg, Peter	GER-Berlin	23.05.1968
Adeberg, Ulrike	GER-Berlin	29.12.1970
Baier-Loef, Anke	GER-Kötzelsroda	22.05.1972
Baumgärtel, Alexander	GER-Berlin	28.09.1972
Breuer, Christian	GER-Grefrath	03.11.1976
Busch, Susanne	GER-Erfurt	09.10.1970
Dittrich, Frank	GER-Dittersdorf	23.12.1967
Eckner, Anne	GER-Rostock	26.12.1979
Friesinger, Anni	GER-Inzell	11.01.1977
Garbrecht, Monique	GER-Berlin	11.12.1968
Künzel, Michael	GER-Berlin	24.05.1973
Kunze, Yvonne	GER-Radebeul	05.01.1978
Nachbar, Arian	GER-Rostock	06.01.1977
Niemann-Stirnemann, G.	GER-Erfurt	07.09.1966
Pechstein, Claudia	GER-Berlin	22.02.1972
Pupke, Andrea	GER-Dresden	27.03.1977
Schenk, Franziska	GER-Mainz	13.03.1974
Taubenrauch, Rene	GER-Ingersleben	31.01.1974
Völker, Sabine	GER-Erfurt	11.05.1973
Warnicke, Heike	GER-Erfurt	01.06.1966
Weber, Katrin	GER-Rostock	27.09.1976
Zummack, Christina	GER-Berlin	15.01.1971
Feigenwinter, Martin	SUI-Arlesheim	20.03.1970
Meier, Patrick	SUI-Winterthur	15.03.1976

Nordische Wettbewerbe

Biathlon

Dengg, Günther	AUT-Schlitters	04.07.1973
Gredler, Ludwig	AUT-Tux	19.11.1967
Neuner, Reinhard	AUT-Mieming	04.02.1969
Perner, Wolfgang	AUT-Ramsau	17.09.1967
Rottmann, Wolfgang	AUT-Altenmarkt	15.05.1973
Apel, Katrin	GER-Gräfenroda	04.05.1973
Beer, Katja	GER-Zinnwald	10.10.1976
Behle, Petra	GER-Willingen	05.01.1969
Disl, Uschi	GER-Dietramszell	15.11.1970
Fischer, Sven	GER-Schmalkalden	16.04.1971
Groß, Ricco	GER-Ruhpolding	22.08.1970
Heymann, Carsten	GER-Saupsdorf	07.01.1972
Luck, Frank	GER-Springstille	05.12.1967
Sendel, Peter	GER-Oberhof	06.03.1972
Wüstenfeld, Jan	GER-Bad Berleburg	26.06.1975
Zellner, Martina	GER-Schleching	26.02.1974
Chabloz, Jean-Marc	SUI-La Lécherette	27.05.1967

Langlauf

Gandler, Markus	AUT-Kitzbühel	20.08.1966
Hoffmann, Christian	AUT-Aigen	22.12.1974
Roider, Renate	AUT-Friedburg	22.12.1971
Stadlober, Alois	AUT-Radstadt	11.04.1962
Theurl, Maria	AUT-Thal	11.08.1966
Urain, Gerhard	AUT-Rottenmann	30.08.1972
Walcher, Achim	AUT-Ramsau	01.12.1967
Behle, Jochen	GER-Willingen	07.07.1960
Blum, Constanze	GER-Zella-Mehlis	29.10.1972
Henkel, Manuela	GER-Großbreisenbach	04.12.1974
Mühlegg, Johann	GER-Grainau	08.11.1970
Rein, Torald	GER-Hasselfelde	22.10.1968
Schlütter, Andreas	GER-Zella-Mehlis	17.08.1972
Schulze, Anke	GER-Niederwinkling	08.12.1972
Sommerfeldt, Rene	GER-Oberwiesenthal	02.10.1974
Wilhelm, Kati	GER-Steinbach-Hallenb.	02.08.1976
Wille, Sigrid	GER-Maierhöfen	02.11.1969
Albrecht, Brigitte	SUI-Lax	06.10.1970
Aschwanden, Wilhelm	SUI-Marbach	18.12.1969
Burgermeister, Reto	SUI-Pfäffikon	07.09.1975
Honegger, Sylvia	SUI-Gibswil	25.04.1968
Huber, Andrea	SUI-La Punt	09.05.1975
Koch, Beat	SUI-Marbach	27.07.1972
Leonardi, Natascia	SUI-Airolo	01.05.1971
Mächler, Patrick	SUI-Davos	28.11.1972
Senteler, Andrea B.	SUI-Klosters	28.04.1977
Wigger, Jeremias	SUI-Gibswil	10.03.1965

Nordische Kombination

Bieler, Christoph	AUT-Absam	28.10.1977
Eugen, Christoph	AUT-Lassnitz	28.05.1976
Gottwald, Felix	AUT-Zell am See	13.01.1976
Kreiner, David	AUT-Oberndorf	08.03.1981
Stadelmann, Robert	AUT-Mittelberg	23.01.1972
Stecher, Mario	AUT-Eisenerz	17.07.1977
Ackermann, Ronny	GER-Unteralba	16.05.1977
Buchner, Josef	GER-Reit im Winkel	16.05.1974
Deimel, Jens	GER-Winterberg	14.09.1972
Looß, Matthias	GER-Chemnitz	17.08.1975
Schmitt, Thorsten	GER-VS-Tannheim	20.09.1975
Cuendet, Jean-Yves	SUI-Le Lieu	20.02.1970
Hartmann, Andreas	SUI-Klosters	29.01.1980
Hurschler, Andreas	SUI-Grafenort	14.09.1977
Kunz, Urs	SUI-Wald	03.01.1974
Zarucchi, Marco	SUI-St. Moritz	22.01.1972

Skispringen

Goldberger, Andreas	AUT-Mondsee	29.11.1972
Höllwarth, Martin	AUT-Stumm	13.04.1974
Horngacher, Stefan	AUT-Wörgl	20.09.1969
Loitzl, Wolfgang	AUT-Bad Mitterndorf	13.01.1980
Schwarzenberger, R.	AUT-St. Veit	07.01.1977
Widhölzl, Andreas	AUT-Fieberbrunn	14.10.1976
Hannawald, Sven	GER-Hinterzarten	09.11.1974
Jäkle, Hansjörg	GER-Schonach	19.10.1971
Schmitt, Martin	GER-Tannheim	29.01.1978
Thoma, Dieter	GER-Hinterzarten	19.10.1969
Wagner, Michael	GER-Berchtesgaden	16.03.1981
Ammann, Simon	SUI-Unterwasser	25.06.1981
Freiholz, Sylvain	SUI-Le Sentier	23.11.1974
Reuteler, Bruno	SUI-Einsiedeln	02.04.1971
Steinauer, Marco	SUI-Einsiedeln	13.04.1976

Statistik-Hinweise

OR	Olympischer Rekord
WR	Weltrekord
*	Weltrekord verbessert
**	Olympischer Rekord verbessert
A-	Ausgeschieden
AF	Achtelfinale
DQ	Disqualifikation
FI	Finale
HF	Halbfinale
HL	Hoffnungslauf
HR	Hoffnungsrunde
L.	Lauf
NA	Nicht angetreten
NP	Nicht plaziert
n. V.	nach Verlängerung
PR	Plazierungsränge
PS	Penalties
QU	Qualifikation
R.	Runde/Rennen
VF	Viertelfinale
VL	Vorlauf

IOC-Abkürzungen

Teilnehmer 1998 (72 Länder)

AND	Andorra
ARG	Argentinien
ARM	Armenien
AUS	Australien
AUT	Österreich
AZE	Aserbaidschan*
BEL	Belgien
BER	Bermudas
BIH	Bosnien-Herzegowina
BLR	Weißrußland
BRA	Brasilien
BUL	Bulgarien
CAN	Kanada
CHI	Chile
CHN	China
CRO	Kroatien
CYP	Zypern
CZE	Tschechien
DEN	Dänemark
ESP	Spanien
EST	Estland
FIN	Finnland
FRA	Frankreich
GBR	Großbritannien
GEO	Georgien
GER	Deutschland
GRE	Griechenland
HUN	Ungarn
IND	Indien
IRI	Iran
IRL	Irland
ISL	Island
ISR	Israel
ISV	Jungfern-Inseln
ITA	Italien
JAM	Jamaica
JPN	Japan
KAZ	Kasachstan
KEN	Kenia*
KGZ	Kirgisien
KOR	Süd-Korea
LAT	Lettland
LIE	Liechtenstein
LTU	Litauen
LUX	Luxemburg
MDA	Moldawien
MGL	Mongolei
MKD	Mazedonien*
MON	Monaco
NED	Niederlande
NOR	Norwegen
NZL	Neuseeland
POL	Polen
POR	Portugal
PRK	Nord-Korea
PUR	Puerto Rico
ROM	Rumänien
RSA	Südafrika
RUS	Rußland
SLO	Slowenien
SUI	Schweiz
SVK	Slowakei
SWE	Schweden
TPE	Taipeh
TRI	Trinidad-Tobago
TUR	Türkei
UKR	Ukraine
URU	Uruguay*
USA	USA
UZB	Usbekistan
VEN	Venezuela*
YUG	Jugoslawien

*erstmals bei Winterspielen

Frühere Teilnehmer

FRG	BR Deutschland
GDR	DDR
URS	UdSSR
EUN	Ex-UdSSR (Team 1992)
TCH	Tschechoslowakei

Medaillenspiegel von Nagano

(68 Entscheidungen)

			Gold	Silber	Bronze
1.	GER	Deutschland	12	9	8
2.	NOR	Norwegen	10	10	5
3.	RUS	Rußland	9	6	3
4.	CAN	Kanada	6	5	4
5.	USA	USA	6	3	4
6.	NED	Niederlande	5	4	2
7.	JPN	Japan	5	1	4
8.	AUT	Österreich	3	5	9
9.	KOR	Südkorea	3	1	2
10.	ITA	Italien	2	6	2
11.	FIN	Finnland	2	4	6
12.	SUI	Schweiz	2	2	3
13.	FRA	Frankreich	2	1	5
14.	CZE	Tschechien	1	1	1
15.	BUL	Bulgarien	1	0	0
16.	CHN	China	0	6	2
17.	SWE	Schweden	0	2	1
18.	DEN	Dänemark	0	1	0
	UKR	Ukraine	0	1	0
20.	KZK	Kasachstan	0	0	2
	BLR	Weißrußland	0	0	2
22.	AUS	Australien	0	0	1
	BEL	Belgien	0	0	1
	GBR	Großbritannien	0	0	1

Im Zweierbob wurden zwei Gold- und eine Bronzemedaille vergeben.
Im Super-G der Männer wurden zwei Silbermedaillen vergeben. Im Viererbob wurden zwei Bronzemedaillen vergeben.

»Ewiger« Medaillenspiegel der Winterspiele 1924–98**

		Gold	Silber	Bronze
1.	URS/GUS/RUS	108	77	74
2.	Deutschland	96	89	80
*	(DDR 1968–88)	39	36	35
3.	Norwegen	83	87	69
4.	USA	59	59	41
5.	Österreich	39	41	50
6.	Schweden	39	28	35
7.	Finnland	38	49	48
8.	Schweiz	29	31	32
9.	Italien	25	27	23
10.	Kanada	25	26	29
11.	Niederlande	19	23	19
12.	Frankreich	18	16	24
13.	Südkorea	9	3	4
14.	Japan	8	9	12
15.	Großbritannien	7	4	13
16.	Tschechien	3	9	17
17.	Liechtenstein	2	2	5
18.	Kasachstan	1	2	2
19.	Belgien	1	1	3
20.	Polen	1	1	2
21.	Ukraine	1	1	1
22.	Spanien	1	–	1
	Bulgarien	1	–	1
24.	Usbekistan	1	–	–
25.	China	–	10	4
26.	Jugoslawien	–	3	1
27.	Ungarn	–	2	4
28.	Weißrußland	–	2	2
29.	Luxemburg	–	2	–
30.	Nordkorea	–	1	1
31.	Neuseeland	–	1	–
	Dänemark	–	1	–
33.	Slowenien	–	–	3
34.	Australien	–	–	2
35.	Rumänien	–	–	1

* In Gesamtzahl »Deutschland« enthalten
** Einschließlich Wintersport-Wettbewerbe 1908–1920

Die erfolgreichsten Medaillengewinner bei Winterspielen

Norwegens Langlauf-Idol Björn Dählie ist mit acht Gold- und vier Silbermedaillen der »Winterkönig«. Zweite der »ewigen« Rangliste ist die Russin Ljubow Jegorowa. Die 1997 bei der WM in Trondheim wegen Dopings noch für zwei Jahre gesperrte Langläuferin weist eine Bilanz von sechsmal Gold und dreimal Silber auf. Sechsmal Gold bei Winterspielen gewann daneben nur noch die russische Eisschnelläuferin Lidija Skoblikowa (1960 und 1964).

Beste Deutsche sind gemeinsam auf Rang 20 zwei Eisschnelläuferinnen. Die Erfurterin Gunda Niemann-Stirnemann schloß in Nagano mit einem ersten und zwei zweiten Plätzen zu der Dresdnerin Karin Kania-Enke auf, die zwischen 1980 und 1988 ebenfalls drei Gold-, vier Silber- und eine Bronzemedaille »hamsterte«. – Die »ewige« Rangliste der erfolgreichsten Wintersportler:

1.	Björn Dählie (Norwegen)	Skilanglauf	1992–98	8	4	0
2.	Ljubow Jegorowa (GUS/Rußland)	Skilanglauf	1992–94	6	3	0
3.	Lidija Skoblikowa (UdSSR)	Eisschnellauf	1960–64	6	0	0
4.	Clas Thunberg (Finnland)	Eisschnellauf	1924–28	5	1	1
	Larissa Lasutina (Rußland)	Skilanglauf	1992–98	5	1	1
6.	Bonnie Blair (USA)	Eisschnellauf	1988–94	5	0	1
7.	Eric Heiden (USA)	Eisschnellauf	1980	5	0	0
8.	Raissa Smetanina (UdSSR/GUS)	Skilanglauf	1976–92	4	5	1
9.	Sixten Jernberg (Schweden)	Skilanglauf	1956–64	4	3	2
10.	Galina Kulakowa (UdSSR)	Skilanglauf	1968–80	4	2	2
11.	Ivar Ballangrud (Norwegen)	Eisschnellauf	1928–36	4	2	1
12.	Gunde Svan (Schweden)	Skilanglauf	1984–88	4	1	1
13.	Johann Olav Koss (Norwegen)	Eisschnellauf	1992–94	4	1	0
	Jewgeni Grischin (UdSSR)	Eisschnellauf	1956–64	4	1	0
	Aleksander Tichonow (UdSSR)	Biathlon	1968–80	4	1	0
	Nikolai Simjatow (UdSSR)	Skilanglauf	1980–84	4	1	0
	Matti Nykänen (Finnland)	Skispringen	1984–88	4	1	0
18.	Lee-Kyung Chun (Südkorea)	Short Track	1994–98	4	0	1
19.	Thomas Wassberg (Schweden)	Skilanglauf	1980–88	4	0	0
20.	Karin Kania-Enke (DDR)	Eisschnellauf	1980–88	3	4	1
	G. Niemann-Stirnemann (Erfurt)	Eisschnellauf	1992–98	3	4	1
22.	Veikko Hakulinen (Finnland)	Skilanglauf	1952–60	3	3	1
23.	Eero Mäntyranta (Finnland)	Skilanglauf	1960–68	3	2	2
24.	Vegard Ulvang (Norwegen)	Skilanglauf	1988–94	3	2	1
25.	Alberto Tomba (Italien)	Ski alpin	1988–94	3	2	0
	Ricco Groß (Ruhpolding)	Biathlon	1992–98	3	2	0

Im Zentrum von Nagano, einer Stadt mit 360 000 Einwohnern, 200 km westlich von Tokio.